고래의 안부
바다의 마음

P 필로소픽

고래의 안부
바다의 마음

최후의 고래는 마치 최후의 인간처럼
자신의 마지막 파이프를 피운 후에
끝내는 담배연기 속으로 사라져
버리지 않을까….

–《모비 딕》, 제105장

낙원에서 추방된 후 쌓이고 쌓인
수십 세기의 세월을 짊어지고
비틀거리는 아담.

–《모비 딕》, 제132장

차례

들어가는 말

고래가 된다는 건 어떤 느낌일까?

아니, 너무 아득한 상상이라면, 고래를 보는 건 어떤 느낌일까? 바다에서 그 큰 몸을 솟구쳐 오르거나 분수공에서 물을 내뿜는 모습을 가까이서 보는 느낌은 어떨까?

사실 우리가 바다 위로 솟구쳐 오르는 혹등고래나, 너무나 특이하게 생긴 향유고래, 지구에서 가장 큰 몸집을 자랑하는 대왕고래를 가까이서 직접 마주할 기회는 거의 없다.

그럼에도 우리가 고래를 사랑하거나 고래에 관심을 갖는 건 고래의 경이롭고 매력적인 모습에 경탄하기 때문이겠지만 고래가 바다에서 차지하는 독특한 상징성 때문이기도 할 것이다.

고래는 지구 표면 3분의 2를 차지하는 바다에서 산다. 그렇기에 바다와 떼어 놓고서 고래를 이야기할 수는 없다. 매연이나 미세먼지로 공기의 질이 나빠지면 우리 삶의 질이 떨어지고 고통스럽듯이, 바다가 오염되거나 해수온도가 요즘처럼 계속 상승하고 또 나아가서 바다의 산소농도가 떨어지면 고래들에겐 치명적인 유해환경이 조성된다. 그러면 고래뿐 아니라 산호초와 산호지대에 의지해 살아가는 수많은 해양생물의 삶이 위태로워진다. 바다가 죽으면 결국 인간들의 삶도 위기에 처하게 된다. 바다, 땅, 하늘, 이 지구의 모든 생명은 너무나 긴밀하게 상호의존관계에 있기 때문이다. 온난화로 인한 급격한 기후변화, 그리고 육지와 바다 생물들의 멸종위기 같은 문제들도 서로 분리 불가능하게 얽혀 있는 문제들이다. 그러니 고래의 안부를 묻는 일은 곧 바다와 지구 생태계 전체의 안부를 묻는 일이기도 하다.

개인적으로 하필 고래와 바다에 유독 깊은 관심을 갖게 된 건, 이런 큰 문제 때문이라기보다 한 문학작품, 허먼 멜빌Herman Melville, 1819-1891이 쓴 위대한 소설《모비 딕》때문이다.

오래전, 제주도 남쪽 한적한 바닷가 마을에서 1년가량 은둔하듯 홀로 머문 적이 있었다. 창문을 열면 푸른 비단을 넓게 깔아 놓은 듯한 풍경이 펼쳐질 정도로 바다가 가까운 곳이었다. 그때 틈틈이 허먼 멜빌의《모비 딕》을 다시 읽었는데, 제주에서 몸소 겪었던 무서운 태풍 덕에 멜빌이 그려낸 바다와 향유고래의 이미지가 예전과는 확연히 다르게 다가왔다. 바다는 고요하고 평화로운, 낭만 가득한 푸른 초원이거나 뭇 생명들을 키우는 생명의 원천 같은 장소만이 아니었다. 바다는 배와 사람, 건물, 그 모든 것을 집어삼켜 버리는 리바이어던 같은 죽음의 괴물이기도 하였다.

모비 딕의 수수께끼와 고래

허먼 멜빌에게 직접적인 영향을 준 포경선 에식스호 침몰 사건만 해도 그렇다. 1820년경 에식스호는 남태평양에서 고래를 사냥하다 성난 고래의 반격에 무참히 침몰하고 말았다. 스무 명의 선원들은 세 척의 작은 보트에 나눠 탄 채 무려 94일간 태평양 바다를 표류하게 되었다. 구조된 선원은 고작 여덟 명에 불과했다. 그들에게 바다는 치 떨리는 공포와 죽음의 공간이었을 것임은 두말할 나위가 없다.

1840년, 스물두 살 젊은 나이로 포경선 선원이 되기로 결심했을 때 허먼 멜빌도 그 사건을 잘 알고 있었다. 그럼에도 알 수 없는 열정과 모험심에 이끌려, 무엇보다 생계를 위해, 가난한 청년 멜빌은 바다로 나아갈 수밖에 없었다. 《모비 딕》 속엔 청년 멜빌이 실제 포경선에서 온몸으로 겪어내야 했던 바다와 고래에 관한 모든 것이 담겨 있다.

멜빌의 이 위대한 소설 《모비 딕》을 다시 읽고 또 읽으며, 나는 멜빌이 만났던 바다와, 그가 몸으로 부딪치며 마주쳤던, 살아 숨 쉬는 고래들을 상상해 보려 애썼다.

내가 멜빌의 수수께끼에 본격적으로 흥미를 가지게 된 건 2019년, 인류세를 다룬 한 책의 서문을 쓰면서부터였다. 마침 멜빌 탄생 200주년이 되는 해여서 무언가 더 특별한 느낌도 있었다. 지난 200년 동안 고래와 바다에 무슨 일이 일어나 왔으며, 우리는 고래와 바다에 관해 얼마나 더 잘 알고 있을까 하는 질문이 나를 끌어당겼다. 그때부터 나는 《모비 딕》을 모티브로 오늘날의 고래와 바다, 우리 인간의 삶과 지구의 삶에 관해 책을 써보리라 마음먹었다. 그것이 시작이었다.

인류세의 바다와 고래를 위하여

읽으면 읽을수록 멜빌의 소설은 왠지 점점 더 미궁 속으로 숨어 버리는 것 같았다. 허먼 멜빌은 한 편지에서 《모비 딕》을 기이하게도 '사악한 책'이라거나 '세기의 복음서'라고 했다. 악마적인 책이 복음서가 될 수 있다니, 도대체 그건 무슨 의미일까? 물론 그에 대해선 이미 훌륭한 해석이 있지만, 나는 조금 다른 관점에서 그 비밀을 파헤쳐 보고 싶기도 했다.

2020년엔 갑자기 코로나19 사태가 닥쳤다. 일상의 많은 부분이 중지되고 사람들이 저마다 불안 속으로 침잠하던 때, 나는 잠시의 소강상태를 빌려, 한때 한국 포경산업의 전진기지로 유명했던 울산 장생포와 간절곶 일대, 그리고 울주군 선사시대 고래 암각화 유적지 주변을 답사하러 떠났다. 2년 후 다시 그곳을 찾기도 했고, 제주도에서도 관련된 장소들을 찾은 적이 여러 번이다.

이 책이 답사기행 형식을 띠게 된 것은 그런 연유에서다. 답사를 하면서 나는 허먼 멜빌이 숨겨놓은 메시지를 해독해 내려 애썼다. 또 오늘날 고래와 바다, 그리고 지구적 삶과 달라진 인간의 조건에 관한 나의 사유들을 더 깊이 숙고하고자 노력했다.

코로나19 사태가 막 시작되던 즈음에 이 책의 원고를 처음 쓰기 시작했으나 쉽게 앞으로 나아가지 못하고 멈춘 적이 많았다. 내 사고와 언어가 충분히 무르익지 못한 탓이었다. 2023년 가을 무렵에야 겨우 원고를 완성했으니, 3년을 들인 셈이다. 한 권의 작은 책을 쓰는데 3년이나 걸린 것은 나로선 이 책이 처음이다.

혼돈시대를 넘어설 지혜를 소망하며

이 책을 쓰면서 내가 살아온 세월 동안 세상은 어떤 방향으로 달라졌는지를 자주 되돌아보게 되었다. 지구온난화가 심각해지고, 생물다양성이 파괴되어 많은 생물들이 멸종위기에 처하게 된 지도 이미 수십 년 되었지만, 우리가 그걸 실감하게 된 건 비교적 최근 일이다.

돌아보면 지난 20세기까지의 세상과 지금 21세기의 세상은 마치 천지창조 이전과 이후가 다른 것만큼이나 달라져 버렸다. 언젠가 내가 다른 책에서도 썼던 것처럼, 우리는 그야말로 '이상한 혼돈시대'에 살게 되었다. 이전 세기까지 우리는 내 가족과 조국의 미래, 혹 그보다 더 넓은 시야를 가졌다 하더라도 인류의 안위를 우려하는 게 전부였다. 그런데 지금은 마치 갑자기 이상한 나라에 떨어진 앨리스처럼, 지구라는 행성 차원의 추상적으로 느껴질 정도로 큰 문제까지 떠안고 있는 자신을 발견하고 있지 않은가?

내가 이 책에서 우리 인간종을 일컬어 '호모 디스터비엔스Homo Disturbiens', 즉 '지구 생태계 교란 동물'이라고 말하게 된 배경도 여기에 있다. 뒤늦게 자신의 진실에 직면한 오이디푸스처럼, 인류세 위기를 자초한 오이디푸스 종, 그것이 바로 우리 인간종이 아닐까? 인류세란 한마디로 인간종이 지구 생태계를 교란하여 위험에 빠뜨릴 정도로 부정적인 지질학적 힘을 행사하는 시대를 가리키는 말이 아니던가?

다시 말해, 오늘날 우리는 이 지구-행성이 가진 통제 불가능한 타자성과 행위주체성을 더 이상 외면하거나 망각할 수 없는 시대에 살게 된 것이다. 인간의 조건은 이미 이전 시대와는 불가역적으로 달라져 버렸다. 인간의 조건에서 무엇이 어떻게 불가역적으로 달라졌는지를 지금이야말로 더욱 진지하게 성찰해야만 하지 않을까.

물론 호모 디스터비엔스의 이면엔 여전히 호모 사피엔스, 지혜의 동물이 있다. 그 지혜란 오이디푸스가 최후에 스스로 책임을 진 숭고한 행위에서 보여준 바로 그 윤리적 응답 능력이다. 우리 인류의 아름다움과 존엄성도 그런 윤리성에서 찾을 수 있을 터이다.

나는 희망이라는 막연한 단어를 별로 좋아하지 않는 편이지만, 왠지 지금은 막막하기만 할지언정 희망이라는 단어를 쓰고 싶다. 저 광막한 우주 어딘가에 여기 지구보다 더 아름답고 평화로우며 온갖 생명들이 행복하게 공존하는 어떤 행성이 있을지는 모르지만, 우리로선 '창백한 푸른 점' 같은 이 작은 지구 외에는 더 잘 살아갈 어딘가가 없으므로. 우리뿐 아니라 우리의 후대, 그리고 인간 아닌 모든 존재하는 것들이 이 지구의 푸르름과 생명을 온전하게 향유할 자격과 권리가 있으므로.

마지막으로 이 책에서 더 바라는 바가 있다면, 내가 멜빌의 소설을 읽으며 태평양 바다를 누비던 청년 멜빌의 비릿한 땀 냄새, 고래의 피 냄새를 맡고자 했던 것처럼, 독자들도 이 작은 책에서 내가 더듬어 간 장소들에서 보고 겪었던 현장의 느낌을 어느 정도라도 가질 수 있었으면 하는 것이다. 더 바라건대는 언젠가 장생포나 반구대 암각화, 화산섬 제주 바다의 산호와 돌고래들도 그리운 옛 벗을 만나듯 반가이 만나보았으면 하는 마음이다.

1장 나의 모비 딕을 찾아서

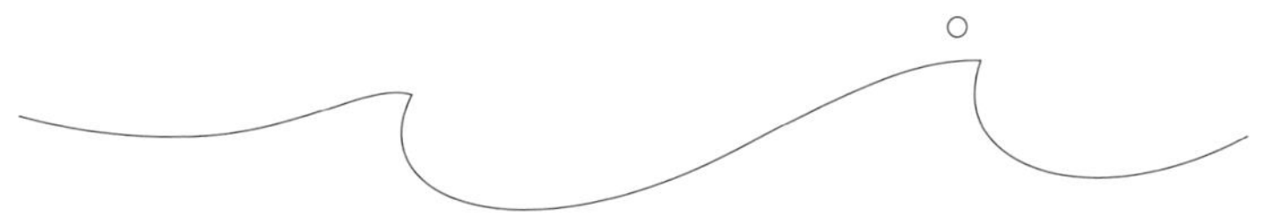

2020년 6월 초, 나는 불현듯 짐을 챙겨 집을 나섰다. 과거 고래잡이로 유명했던 울산 장생포와 울주군 반구대 암각화 주변을 향한 나의 첫 번째 여행의 시작이었다. 두 번째로 장생포를 다시 찾은 건 그로부터 또다시 1년 이상 지난 후였다.

어깨에 멘 작은 배낭엔 허먼 멜빌의 소설 《모비 딕》과 바다색 노트 한 권이 들어 있었다. 답사를 핑계로 한 떠남이고 들를 장소들도 정해두긴 했지만, 그렇다고 답사에 걸맞은 사전 조사나 준비를 단단히 한 것도 아니었다. 코로나19 사태로 일상은 일시적 마비 상태에 빠졌다. 사람들은 껍질 속으로 숨는 달팽이처럼 침울하게 자신 속으로 침잠해 들어갔다. 나는 멜빌의 《모비 딕》으로 파고들었다. 내 고독은 바다를 자유롭게 유영하는 모비 딕 고래 속으로 스며들었다. 꿈꾸는 달팽이라도 된 양, 푸르고 광대한 바다를 그리고 있었다.

호메로스는 '포도줏빛 바다'라는 표현을 거듭 사용하며 지중해 바다를 찬양했지만, 꼭 포도줏빛이 아니어도 좋았다. 나는 동해나 남해의 짙푸른 바다도, 서해의 황톳빛 바다조차도 사랑했다.

《모비 딕》의 화자 이슈마엘이 뭍을 떠나 바다로 향할 때가 되면 신호처럼 찾아와 그를 괴롭힌 멜랑콜리 상태. 내게도 찾아오는 그런 상태에서 벗어나려면 나 역시 일단 무작정 바다를 향해 떠나야만 했다.

> "내 영혼이 축축한 비가 내리는 11월처럼 스산해질 때, 관을 파는 가게 앞에서 나도 모르게 걸음을 멈추거나 마주치는 모든 장례 행렬 뒤를 좇아 따라가게 될 때 … 그럴 때면 나는 되도록 빨리 바다로 나가야 할 때가 되었구나 하고 생각한다. … 카토는 철학적인 과장된 몸짓으로 칼을 향해 자기 몸을 내던졌지만, 그러나 나는 조용히 배를 타러 간다."[1]

수족관에 갇힌 돌고래가 고향을 그리워하듯, 나 역시 끝없이 펼쳐진, 탁 트인 푸른 바다를 갈망했다. 그런 갈망이 나를 더욱 초조하고 조급하게 만들었는지도 모른다. 다행히 그즈음, 몇 달이나 온 세상을 혼란과 두려움에 빠뜨린 코로나19 사태가 조금 진정되고 있었다.

팬데믹 상황에서 내 울적함과 갑갑함을 달래주고, 식은 재처럼 옅어져만 가던 탐구의 열정을 내게 조금씩 다시 불러일으킨 건 19세기 미국 소설가 허먼 멜빌의 작품, 《모비 딕》이었다.

---

1 Herman Melville, *Moby-Dick: or, The Whale*, Penguin Books, 2003, 3쪽. 이하 출처가 원문으로 표기된 것은 필자의 번역이다.

멜빌의 소설에 다시 집착하게 된 건 그 전해에 내가 몸담고 있는 연구소에서 펴낸 책에 글을 쓰면서 멜빌과 고래를 언급한 것이 계기였다. 그 책을 쓰고 난 후에도 어쩐 일인지 허먼 멜빌과 고래가 내 머릿속에 자리 잡고 떠나지 않았다. 마치 반드시 갚아야 할 큰 빚이라도 짊어진 것 같은 기분.

멜빌은 내게 고래에 대한 어떤, 불가능한 향수를 불러일으켰다. 나는 멜빌처럼 고래를 사냥하기 위해 태평양 바다로 나아가 직접 고래와 맞닥뜨린 적도, 하다못해 가까운 거리에서 향유고래나 귀신고래, 혹등고래 같은 거대 고래를 두 눈으로 본 적조차 없었는데도.

아주 오래전 동물원에서 본 돌고래 쇼나 자연 다큐멘터리 속의 영상이 고래에 관한 기억의 전부인 까닭에, 나의 향수는 말 그대로 불가능한 향수나 다름없었다. 그러나 내 마음을 동요시킨 건 아직 조우해 보지 못한 진짜 고래에 대한 고대나 호기심이 아니었다. 그 기이한 향수의 감정은 무언가 아득한 것, 마치 상실감이나, 분리로 인한 부재가 초래하는 심장의 얼얼함이 동반되는 갈망과 닮은 것이었다.

그 향수에 더해, 어쩌면 이번 답사 여행이 허먼 멜빌과 《모비 딕》에 관해 더 깊이 이해할 기회, 간접적으로나마 멜빌의 내면을 더 섬세히 읽어낼 기회를 제공해 줄지도 모른다는 막연한 기대감도 품고 있었다.

2019년은 허먼 멜빌 탄생 200주년이 되는 해였다.

나는 남몰래 나만의 방식으로, 내가 사랑하는 멜빌을 기념하고 싶었다.

돌이켜 보면 에이허브 선장이 모비 딕을 찾아 항해를 나섰듯, 나는 나만의 모비 딕을 찾으러 떠난 것이었는지도 모르겠다. 나만의 모비 딕? 과연 나의 모비 딕은 에이허브의 고래처럼 태평양 바다를 휘젓고 다니는, 피와 살과 형태가 있는, 구체적인 실체가 있는 것이기는 했을까? 아니면 단지 시적인 비유이거나 기호학에서 말하는 인덱스, 즉 그 자체가 아닌 다른 어떤 것을 가리키는 지표 같은 것이었을까? 어쩌면 저 먼 태평양이 아니라 울산 앞바다 주변에 있는 고래들, 또는 바다가 아닌 깊은 산 속 큰 바위에 음각으로 새겨진, 헤아릴 수 없이 먼 옛날에 살았던 고래들일 수도 있었다.

답사 여정은 과거 고래잡이 도시였던 울산 장생포와 거기서 멀지 않은 울주군 대곡면 깊은 계곡에 있는 신석기시대의 바위 암각화를 향해 있었다. 길을 떠나면서 나는, 내심으로는 우연이 빚어내는 예기치 않은 또 다른 모험을 더 기대하고 있었다. 신성한 우연이 내 두 발에 날개를 달아주어 나 자신도 아직 충분히 이해하지 못하고 있던 그 불가능한 향수의 여정에 내밀한 목적과 의미를 부여해 주길 갈망하면서. 길을 잃는 방황 속에서 언어가 내 내면의 텅 빈 바위에 아름다운 형상을 조각해 주길 갈망하면서.

기차를 타고 장생포를 향해 가는 동안 문득 질문 하나가 떠올랐다. 나뿐만 아니라 호모 사피엔스라는 이름을 가진 우리 인류 전체가 과연 바다라는 존재에 관해 얼마나 제대로 알고 있을까? 인간과 바다의 관계는? 태양과 하늘과 땅과 바다, 그 사이에서 살고 죽는 생명들의 관계는? 저 바다에게 고래가 갖는 의미에 관해서는?

《모비 딕》은 복수심에 불타는 주인공 에이허브 선장과 화자인 이슈마엘, 그리고 퀴퀘그나 스타벅을 비롯한 선원들이 펼치는, 인간들과 '바다의 리바이어던' 모비 딕 사이의 결전에 관한 이야기로 읽히곤 한다. 에이허브 선장과 모비 딕 고래의 결투가 상징하는 바에 관해 무수한 논쟁과 재해석이 있었다. 하지만 그 소설엔 인간에 관한 것 외에도 훨씬 더 많은 것들이 있다. 19세기 미국 자본주의와 당대 미국 최고의 돈벌이 사업이었던 포경산업의 실제에 관한 생생한 인류학적 보고서이며, 또 '고래학'이라는 이름을 붙인 제32장에서 볼 수 있듯, 19세기 고래 연구의 편람이기도 하다.

비평가들은 멜빌의 〈고래학〉 장에 대하여, 호메로스가 《일리아드》 제2권에서 장황하게 늘어놓은 전함 목록처럼 세세하게 묘사된 포경선의 장비, 고래잡이 기법들을 불필요한 수사학적 장치나 지적 허영으로 취급하는 경향이 있었다.

하지만 우리가 그 소설에서 인간들이 아닌 다른 요소들, 즉 포경선과 모비 딕 고래 같은 비인간적 행위소들에 더 포커스를 맞춘다면 무엇이 보일까? 에식스호나 피쿼드호 제작에 들어간 소재들과 기술적 요소들, 작살의 구조와 형태, 사냥 방식과 고래들과 맺는 관계에 더 초점을 맞춘다면? 혹은 시간을 더 거슬러 올라가 나무로 만든 엉성한 배를 타고 동물 뼈로 만든 작살만으로 목숨을 걸고 고래사냥에 나섰던 8,000여 년 전 신석기 부족들의 기술과 비교한다면? 그리고 … 《모비 딕》에서 나를 포함한 인간종이 바다나 고래와 맺는 관계를 지금까지와는 다른 방식으로 읽어낼 단서를 찾게 된다면? 무엇보다 허먼 멜빌 자신이 기묘하게도, 그 소설을 "**사악한 예술**"이자 "**이 세기의 복음서**"라고 말했던 그 비밀스러운 동기를 달리 읽어낸다면 무엇이 보일까?

이런 모든 궁금증과 의문은 그저 질문의 형태로만 내 속에서 끓고 있을 뿐, 떠나기 전까지는 아무런 답변도 갖지 못했다. 그것이 파랑새증후군일 뿐일지라도 나는 더더욱 떠나야만 했던 것이다.

2장 사악한 책, 모비 딕의 비밀?

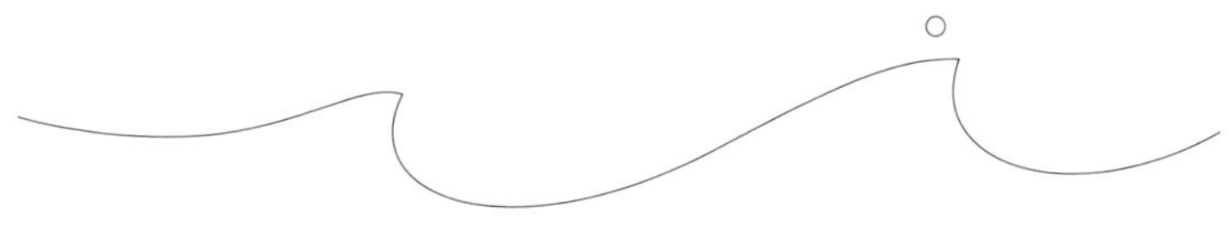

"*나를 이슈마엘이라 불러다오.* Call me Ishmael."

《모비 딕》은 이 유명한 첫 문장으로 시작한다. 이슈마엘은 에이허브 선장이 이끌던 피쿼드호 선원이자, 모비 딕과 치른 사흘간의 결투 끝에 배의 침몰로 모두가 죽음을 맞게 된 후에 유일하게 살아남은 사람이다. 또 《모비 딕》 이야기를 우리에게 들려주는 화자이기도 하다. 궁극적으로는 이슈마엘의 서술을 통해 《모비 딕》에 담은 웅장한 주제와 사유를 펼쳐나간 작가의 내면적 분신이기도 하다.

"나를 이슈마엘이라 불러다오." 나는 이 유명한 소설의 첫 문장을 울산으로 향해 달려가는 기차 안에서 문득 다시 떠올렸다. 갑자기, '나 역시 이슈마엘이다' 라는 문장이 내 속에서 툭 튀어나왔다.

어처구니없는 생각이었다.

내가 타고 있는 것은 피쿼드호 같은 포경선이 아니었다. 나는 육지의 들과 강과 산을 가로질러 초고속으로 내달리는 첨단기술로 무장한 열차의 편안한 좌석에 앉아 창밖 풍경을 무심하게 내다보는 중이었다. 살아 있는 흰 향유고래, 한 거대하고 무시무시한 생물을 추적하는 게 아니었다. 수천 년 전 어느 신석기인들이 어쩌면 바로 눈앞에서 맞닥뜨리기도 했을지 모를 고래들을 새겨넣은 바위, 지금은 더 이상 존재하지 않는 옛 고래들의 흔적, 그림자, 환영 같은 이미지를 찾아가는 중이었을 뿐이다.

그런데도 내가 또 한 명의 이슈마엘이라는 생각이 터무니없다는 생각은 들지 않았다. 오히려 《모비 딕》을 읽는 모든 독자, 또 이 글을 읽는 모든 독자도 이슈마엘이라는 생각이 들었다.

이슈마엘이라는 이름은 원래 《구약성서》의 〈창세기〉에 나오는 인물 이름이다. 아브라함의 서자로, 자기 어머니이자 아브라함의 몸종이기도 했던 하가르와 함께 쫓겨나 광야를 떠도는 운명에 처한 자의 이름. 멜빌이 하필이면 그 이름을 소설의 화자로 설정한 데엔 깊은 의도가 있어 보인다. 이슈마엘은 아버지의 세계—기존의 법과 관습, 문화, 즉 주어진 공동체 자체—에서 추방당해 타자가 된 자이며, 낯선 타자의 땅에서 자신과 세계의 의미와 가치를 찾고 증명해야 하는 자이기 때문이다.

《모비 딕》의 숨은 주인공은, 화자이자 유일한 생존자인 젊은 선원 이슈마엘이다. 어떻게 보면 멜빌의 이 소설은 고된 시련과 모험 끝에 삶과 세상에 대한 새로운 각성과 깨달음을 얻는 과정을 그린다는 점에서 이슈마엘의 정신적 성숙을 그린 성장소설이기도 하다.

이슈마엘은 허먼 멜빌이 처음 포경선을 탈 때와도 같은 젊음과 호기심, "압도적으로 닥쳐오는 고래에 대한 생각", "금단의 바다를 항해하고 야만의 해안에 상륙하고 싶다"고 할 정도의 모험심을 갖고 있다. 스스로를 무법자 취급하고, 때론 유쾌한 농담과 장난을 즐기지만 은근히 멜랑콜리하며, 동시에 끊이지 않는 탐구 정신을, 그리고 무엇보다, 선원들 사이에서 '야만인' 취급을 받는 남태평양의 섬사람 출신 퀴퀘그를 누구보다도 이해하고 열린 마음으로 받아들일 줄 아는 개방적인 정신을 지닌 청년이다.

나는 소설의 제49장 〈하이에나〉에서 이렇게 말할 줄 아는 이슈마엘을 사랑한다.

> "우리가 삶이라고 부르는 이상하고 뒤죽박죽인 상황 속에서 가끔은 기묘한 순간이 찾아온다. 이 우주 전체를 광대한 규모의 농담으로 받아들이게 되는 때다. 비록 농담의 의미를 흐릿하게밖에 이해하지 못하고, 더욱이 이 농담이 다른 누구도 아닌 바로 자기자신을 놀리는 것이 아닌지 의심하면서도."[2]

멜빌은 이슈마엘이라는 자기 영혼의 분신이 하는 말과 행동으로 지금 존재하는 세상을 보는 관점을 전복시키려 한다. 멜빌은 자신이 나고 자란 서구 기독교 문명의 율법과 관습을, 서구 중심적 사고체계를, 서구 제국주의를 완강하게 떠받치고 있던 그 세계관을 전복시키길 원했다.

1850년, 허먼 멜빌은 고통스럽게 《모비 딕》을 쓰고 있던 와중

---

2 Herman Melville, 247쪽.

에, 우정과 존경 속에서 교류하던 소설가 너새니얼 호손에게 보낸 편지에 이렇게 쓴다.

> *"제가 비록 이 세기의 복음서를 쓰긴 했지만, 저는 시궁창에서 죽을 겁니다."*[3]

복음서라니? 멜빌은 왜 자기 소설을 **복음서**라고 했을까? 그는 성서에서 이슈마엘과 에이허브라는 이름들을 차용해 왔으면서도, 궁극적으로는 비밀스럽게 '반反성서적인' 새로운 복음서를 쓴다는 생각을 하고 있었던 것일까? 그렇다면 그 기이하게 반성서적인 새 복음서는 도대체 어떤 복음을 담고 있단 말인가?

우리는 프리드리히 니체가 자신이 쓴 《차라투스트라는 이렇게 말했다》를 새로운 복음서라고 불렀다는 사실을 알고 있다. 니체의 책은 신의 죽음, 즉 기독교적 가치체계의 붕괴 이후에 인류가 따라야 할 새로운 가치를 천명한 것이다. 신이 중심이 되는 가치가 아닌, 인간 자신이 주인이 되어 창조하는 가치들. 니체에게 차라투스트라의 외침은 새로운 '주인의 도덕'을 천명하는 선언이었다.

《차라투스트라는 이렇게 말했다》는 1885년에, 《모비 딕》은 1851년에 발표되었다. 어쩌면 허먼 멜빌은 철학자 니체보다 더 앞서서, 기독교적 가치의 붕괴 이후 무의미와 허무주의에 신음하는 인류를 향해 자신만의 새로운 복음서, 멜빌판 《차라투스트라는 이렇게

3 너새니얼 필브릭, 《사악한 책, 모비 딕》, 홍한별 옮김, 저녁의책, 2017, 10쪽.

말했다》를 쓰려고 했던 것일까? 도대체 허먼 멜빌의 이 새로운 복음서는 진정 어떤 '기쁜 소식' 을 담고 있었던 것일까?

1851년 6월 말, 멜빌은 《모비 딕》을 탈고한 후, 호손에게 원고의 사본 일부를 보내면서 이렇게 쓴다.

> "당신께 맛보기 견본으로 고래 지느러미 하나를 보내드릴까요? 꼬리는 아직 요리되지 않았습니다. 책 전체를 구워내는 지옥불이 터무니없이 꼬리까지 모두 요리해버리진 않았으니까요. "*Ego non baptiso te nomine*…" 이것이 이 책의 모토(비밀스러운 모토)입니다. 나머지 문구는 알아서 완성하시기를."[4]

그가 '비밀스러운 모토' 라고 칭한 문구의 라틴어 원문 전체는 이렇다. "***Ego non baptiso te nomine Patris et Filii et Spiritus Sancti - sed in nomine Diaboli.*** (나는 성부와 성자 그리고 성령의 이름으로 당신에게 세례를 베푸는 게 아니요, 오히려 악마의 이름으로 세례를 베푸노라.)"[5]

4 휴버트 드레이퍼스·숀 켈리, 《모든 것은 빛난다》, 김동규 옮김, 사월의책, 2013, 259쪽.

5 같은 책, 같은 쪽.

악마의 이름으로 세례를 받은 책이라니! 허먼 멜빌이 인용한 저 섬뜩한 라틴어 문장의 완전한 형태는 1933년에서 1934년에 와서야 밝혀지게 된다. 멜빌이 수집했던 셰익스피어 작품집 여백에서 저 문장이 발견된 것이었다. 그리고 최근에 와서야, 그 라틴어 문장이 허먼 멜빌이 당시에 읽었던 어느 마법에 관한 에세이에서 발췌 인용한 것이라는 사실도 밝혀졌다.

그게 끝이 아니었다. 허먼 멜빌은 놀랍게도 또다시 수수께끼 같고 섬뜩한 문장이 담긴 편지를 호손에게 보낸다. 1851년 11월, 마침내 《모비 딕》이 출간된 지 한 달 후였다.

> ***"사악한 책을 한 권 썼습니다. 그러나 제 영혼은 어린 양처럼 순진무구하다고 느낍니다."[6]***

허먼 멜빌은 왜 자신의 새 소설을 "사악한 책"이라고 말한 걸까? 악마에게 세례를 받은 것 같은, 그러므로 악마적이고 사악한 책.

이 사악한 책과 세기의 복음서는 무슨 관계가 있는 걸까?

비평가들은 허먼 멜빌이 자기 책을 흑마술에 관한 책이라도 되는 듯, 사악한 책이라거나 사악한 예술이라고 부른 사실에 당혹과 충격에 빠졌다. 사실 멜빌이 자신의 책을 사악하다고 말한 것은, 그만큼 그 책이 기존의 가치체계와 심하게 충돌할 것이며, 기존의 관점과 관습의 입장에선 말 그대로 '사악하고' '악마적인' 가치를 담은 책으

6 같은 책, 257쪽.

로 받아들여지리라 판단했기 때문이었다.

멜빌의 소설은 분명, 서구 정통 기독교와는 대립하는 것일 터였다. 니체의 차라투스트라가 기독교의 신 야훼의 가치체계와 대립하듯이.

그러나 멜빌의 이 "세기의 복음서"가 담고 있는 전복적이고 혁명적인 관점과 철학은 아직 충분하게 규명되지 않았다.

니체의 차라투스트라는 전복적이지만 여전히 인간 중심주의적이라는 한계에 머물러 있다. 이슈마엘을 통해 이야기하는 허먼 멜빌의 《모비 딕》은 인간을 넘어 더 먼 곳으로, 더 다양한 곳으로 나아가고 있는 것처럼 보인다. 그곳이 어디인지, 어떤 곳인지를 나는 아직 모른다. 마음속에서 줄곧 궁지에 내몰린 듯한 답답함을 느낀 것도 그 때문이다.

내가, 우리가, 이슈마엘이 되어 각자의 모비 딕을 찾아 내면의 모험과 항해를 떠나야 하는 이유가 거기에 있다.

허먼 멜빌이 말한 "**세기의 복음서**"가 은밀하게 전하고자 하는 그 비밀을 찾아.

멜빌의 《모비 딕》은 읽을수록 그 장대한 스케일과 서사시적 문체가 주는 풍미에 매혹당하게 된다. 멜빌은 이 작품을 준비하면서 셰익스피어를 집중적으로 읽었고, 성서를 파고들었으며, 셰익스피어의 예술적 성취에 도달하거나 그를 능가하고픈 야심도 가졌다. 멜빌은 소설 속에서 이슈마엘의 입을 빌려 농담처럼 이렇게 외친다. "나에게 콘도르의 깃털로 만든 펜을 달라! 베수비오 화산 분화구를 잉크병으로 쓰게 해달라! 내 손을 잡아다오, 벗들이여! 이 리바이어던에 대한 생각을 써보려는 작은 행동만으로도, 마치 과학의 모든 분야, 모든 세대의 고래들, 인간들, 마스토돈, 과거와 현재 그리고 다가올 미래, 지상의 모든 제국의 흥망성쇠, 광대한 우주 전체 구석구석까지도 전부 포괄해서 통찰하기라도 하는 듯한 그 광대한 규모에 내 정신은 벌써 현기증을 느끼며 두렵기까지 하다. … 장엄한 책을 쓰려면 장대한 주제를 골라야 한다. 벼룩 따위를 주제로 위대하고 영구한 책을 쓸 수는 없다."[7]

장대한 주제, 장엄한 책, 장려한 문체. 멜빌의 소설은 지금까지 비평가들이 평가한 대로 '근대의 서사시'라 할 만도 하다. 근대라는 시대의 운명을 피쿼드호의 모험을 통해 그려낸 것이다. 세계 문학사에 전해지는 가장 위대한 두 서사시로는 물론 호메로스의 《일리아드》와 《오디세이아》를 들 수 있다. 두 작품은 무자비한 신들의 운명에 휘둘리면서도 필멸하는 인간의 존엄과 영웅적 도전정신, 정신의 높이를 그려내는 인간 정신의 승리를 구가하는 서사시다. 그리스의 3대 비극시인들인 아이스킬로스, 소포클레스, 에우리피데스가 그려낸 위대한 비극작품들의 주제도 실은 인간 정신의 숭고함이다.

반면에 근대의 서사시인 《모비 딕》은 광기에 휩싸인 근대의 비극적 파멸을 그려낸다. 아킬레우스나 오디세우스와 달리 《모비 딕》

7 Herman Melville, 497쪽.

의 표면적 주인공, 근대인의 상징인 에이허브 선장은 진정한 영웅이 아니라, 반反영웅, 광기에 휩싸인 악마적 존재다. 그는 오직 죽음을 불사하는 불굴의 집념, 광기가 되어버린 그릇된 의지의 화신일 뿐이다. 에이허브의 숭고함은 불길하다. 그것은 본받을 만한 윤리적 모델이 아닌, 반면교사로서의 모델에 더 가깝다. 이런 까닭에 멜빌의 소설은 사실 근대 정신을 드러낸 근대의 서사시가 아니라, 근대성을 비판한 '탈근대적' 서사시, 근대와는 다른 시대정신을 표현한 서사시로 읽을 필요가 있다는 생각이 든다.

무엇보다 이 걸출한 서사시의 진정한 주인공은 인간이 아니다. 차라리 모비 딕이라 불리는 고래나 바다 등 비인간 존재들이다. 그리고 조금 더 확장하자면, 고래와 바다, 피쿼드호와 그 배를 탄 인간들의 얽힘과 연결망 자체다.

허먼 멜빌이 자신의 소설에 대해 사악하다고 한 까닭은 어쩌면, 자신이 인간이 주인공인 세계가 아닌 다른 존재들, 비인간 타자들이 주인공인 세계를 그렸음을 깊이 의식했기 때문은 아니었을까. 그리고 그것은 기독교를 바탕에 둔 서구 근대의 철저히 인간 중심적인 세계관에 반역하는 것임도 함께 말이다.

지금 생각하면, 허먼 멜빌과 함께한 나의 답사 여행은 그런 생각을 입증하기에 충분한 시간이었다.

3장 멜빌의 고독

울산 장생포로 가기 위해선 통도사 기차역에서 내려서도 버스를 타고 거의 한 시간가량 더 가야 했다. 코로나19 시국인 탓에 역사도, 버스도 한적하기만 했다. 나는 버스 창가 쪽 자리에 앉아 손을 창턱에 괸 채로 낯선 풍경을 응시했다.

낯선 곳을 혼자 여행할 때엔 언제나 고독이라는 동반자가 함께한다는 걸 나는 잘 알고 있었다. 또 홀로 있음이 오히려 낯선 타지에서 겪게 되는 모든 경험을 더욱 내밀한 것으로 만들어 준다는 것도. 다만 이번엔 오롯한 혼자가 아니라, 허먼 멜빌이라는 또 한 사람의 영혼이 함께한다는 기이한 느낌도 있었다.

나는 무심히 차창 밖에 시선을 던진 채, 멜빌이 태평양에서 겪은 일들, 작가로서 누렸던 짧은 성공 이후 평생 그를 괴롭혔던 좌절, 그의 내면을 갉아먹었던 고독을 떠올렸다. 멜빌의 고독. 아르헨티나 소설가 보르헤스는 멜빌 작품에 줄곧 등장하는 테마는 고독이라고 말한 적이 있다. 낭만주의 작가들과 철학자들은 고독만이 줄 수 있는 사색적 깊이와 스스로 찾아드는 고독의 고귀한 당당함을 예찬해 왔다. 소로의 《월든》이라는 책이 단적인 사례일 것이다. 하지만 그 소로도 평생을 월든 숲에서 홀로 살아가진 못했다.

멜빌의 고독은 차라리 끔찍한 외로움에 더 가까웠을지도 모른다. 세상으로부터 철저하게 외면받은 예술가의 외로움, 자신과 불화했던 당대의 현실, 어린 시절 가족에게서 겪었던 불행과 가난, 결혼한 후에 자신과 가족에게 일어난 불상사 등등. 그의 내면엔 늘 슬픔의 바다가 출렁이고 있었을지도 모른다. 그가 《모비 딕》 속에서 슬쩍, 그런 자신의 솔직한 내면을 토로할 때가 있었다.

나는 이 문장들을 읽다 멈추고는, 한참 동안 더 나아갈 수가 없었다.

> "내면에 슬픔보다 기쁨을 더 많이 가진 인간은 진실할 수 없다. 진실하지 않거나 아직 인간으로 충분히 성숙하지 않았다. … 책도 마찬가지다. 세상 모든 책 가운데 가장 진실한 책은 솔로몬의 책이며, 특히 〈전도서〉는 강철처럼 단단하게 담금질된 비통의 책이다. **'모든 것이 헛되다.'** 이 제멋대로인 세계는 그리스도가 출현하기 이전인 솔로몬의 지혜조차 아직 이해하지 못했다."[8]

곧이어 《구약성서》 중 솔로몬이 썼다는 〈잠언〉 21장 16절을 인용하

---

8 Herman Melville, 465쪽.

며 이렇게 말한다.

> "깨달음의 길을 떠나 헤매는 자는 (살아 있는 동안에도) 죽은 자들 속에 있으리."

소설 속에서 에이허브가 자신의 생을 돌아보며 한 말, "내 인생을 생각하면 그야말로 황량한 고독이었어"라는 말조차, 내겐 마치 멜빌이 나중에 자신의 생을 돌아보며 내뱉는 말처럼 들릴 지경이다.

허먼 멜빌은 1819년에 미국 뉴욕에서 앨런 멜빌의 셋째로 태어났다. 멜빌의 아버지는 직물 수입 관련 사업을 했지만, 불행히도 경제 불황이 닥치는 바람에 1830년에 파산하고 말았다. 그 여파로 아버지는 2년 후에 멜빌을 포함한 여덟 명이나 되는 자녀를 둔 채 50세의 나이로 죽고 말았다. 멜빌은 가족의 생계를 돕기 위해 10대라는 어린 나이에 직업 전선에 뛰어들어야 했다. 은행이나 상점의 잔심부름, 농장 등을 전전했지만 불황 탓에 그런 변변찮은 일자리마저 얻지 못할 지경에 이르렀다. 그는 형의 도움으로 영국으로 가는 상선의 선원이 되어 대서양을 항해하기도 했다. 그리고 결국엔 포경선 선원이 되기로 결심했다.

1년 반에 걸친 포경선 생활은 너무나도 젊은 멜빌에게 고통과 좌절, 환멸만을 가져다 주었다. 그는 죽음을 각오하고 식인종이 산다는 남태평양의 한 섬에서 무모한 탈출을 시도했다. 아직 충분히 꽃피우지도 못한 삶을 내팽개쳐 버리기로 결심한 걸까? 포경선을 탈출하면서 청년 멜빌은 무슨 생각을 했을까? 죽음이거나 또 다른 삶?

운명이 우리를 위해 무엇을 예비해 두었는지, 우리는 결코 알 수 없다. 어떤 반전과 도약, 상승과 추락을, 선물과 함정을 준비해 두었는지 우리는 결코 알 수 없다. 운명의 여신 포르투나는 눈을 가린 채로 우리가 최후의 순간을 맞이하게 될 그 순간까지 가차 없는 운명의 수레바퀴를 돌리고, 또 돌릴 뿐이다.

우리는 그 수레바퀴 안에서 돌고 돌며 상승과 추락을, 기쁨과 고통을 겪으며 방황하며 생을 이어가고….

반세기 넘는 세월을 살아오면서 내가 생에 관해 깨우치게 된 아찔한 하나의 깨달음이었다.

멜빌의 전 생애를 돌아볼 때면, 생의 가혹함에 나도 모르게 마음이 아득해지곤 한다.

그의 불행을 기회로 반전시켜 준 것은 한 권의 책이었다.

멜빌은 죽음을 무릅쓰고 고통스러운 포경선에서 탈출하여 남태평양의 누쿠히바섬으로 들어갔다. 야만인과 식인종이 산다는 소문이 있어, 과거 침몰한 에식스호에서 생존한 선원들이 정박하길 포기했던 섬이었다. 멜빌이 두려운 마음으로 그 섬에 발을 내디뎠을 때, 소문과 달리 섬 원주민들은 이 낯선 백인 이방인 청년을 조용히 환대해 주었다. 기적처럼, 그는 그곳에서 몇 개월을 평화롭고 행복하게 보냈다.

온갖 우여곡절 끝에 다시 미국으로 돌아온 후, 멜빌은 누쿠히바섬 타이피족과 지냈던 경험을 '타이피Typee'라는 제목의 책으로 펴냈다. 일종의 모험소설 같은 그 책을 세상은 크게 반기며 환호했고 그는 단숨에 베스트셀러 작가가 되었다. 작가로서 데뷔하자마자 얻은 성공에 그는 얼마나 기쁘고 고무되었을까? 하지만 그건 잔혹한 고독이 입 벌리고 있는 문학의 길로 그를 끌어들이기 위해 운명이 유혹하던 것은 아니었을까? 최초의 성공에 자신감을 얻은 그는 매사추세츠 대법원 판사이자 아버지의 절친한 친구인 러뮤엘 쇼의 딸 엘리자베스 쇼와의 결혼에도 성공하게 된다.

불행히도 그에게 결혼 생활이 주는 기쁨은 얼마 가지 못했다. 세월이 흐른 후에 그의 맏아들은 권총 자살로 생을 마감해 버렸고, 화재로 집이 소실되는 불행에 더해, 둘째 아들마저 집을 나가 버리고는 2년 후에 샌프란시스코에서 객사하는 불행이 연이어 그에게 닥쳐왔다.

그런 가정적 불행보다 더 치명적이었던 것은, 예술가로서 계속해서 좌절을 겪은 일일 것이다. 자신의 모든 작가적 재능과 열정을 쏟아부었고, 오늘날엔 세계문학의 걸작으로 칭송받는 소설 《모비 딕》은 출판 당시엔 대중과 비평가들 모두에게 철저하게 외면받고 말았다. 독자도, 비평가도, 그 누구도 그 소설에 주목하지 않아 작품은 어둠 속으로 내팽개쳐졌다. 마치 멜빌 사후 반세기 뒤에 등장한 또 한 명의 걸출한 미국 작가 스콧 피츠제럴드가 심혈을 기울여 쓴 《위대한 개츠비》가 출판 후에 상업적으로나 비평적으로 완전히 실패한 것과 같은 절망적 사태였다. 피츠제럴드는 그 실패로 인해 알코올 중독에 빠졌고, 결국 머지않아 사망하고 말았다.

멜빌은 《모비 딕》의 실패 후에도 정력적으로 소설을 썼다. 오늘날 그의 또 다른 걸작으로 평가받는 〈필경사 바틀비: 월가의 이야기〉를 비롯하여 〈엔칸타다스, 마법에 걸린 섬들〉 같은 작품들이 실린 단편집, 《피에르, 혹은 모호함》《베니토 세레노》《이스라엘 포터》《사기꾼》 등의 작품들. 《모비 딕》에서부터 이 모든 작품은 그의 30대에 쓰인 작품들이다.

이 모든 작품은 그에게 어떤 예술적 혹은 대중적 성공도 가져다주지 못했다. 40대 이후 그는 사실상 소설 쓰기를 포기하고 생계를 위해 생활인으로서 살아가야만 했다. 그는 세상으로부터 잊힌 작가가 되었다. 뉴욕의 한 평범한 세관 직원으로 조용히, 묵묵히 고독한 삶을 견디며 살아갔다. 1891년 그는 심장병으로 죽었다. 향년 72세였다.

그의 사후에 가서야, 그가 죽기 전에 남몰래 집필 중이던 미완성 원고 《선원, 빌리 버드》가 발견되었다. 소설 《모비 딕》은 그가 세상을 뜰 때까지 고작 3,715부가 팔렸다.

말년의 멜빌은 자주 쇼펜하우어의 염세적인 책을 읽곤 했었다. 그는 쇼펜하우어의 말년 저서에 나오는 한 구절에 밑줄을 그어놓았다. "사람이 후세에 속할수록, 다시 말해 인류 일반을 많이 포용할수록 그는 동시대인들로부터 그만큼 더 소외된다."

1951년 《모비 딕》 출간 100주년이 되었을 때 전 세계에서 100주년을 축하하는 대대적인 행사가 열렸다. 비로소 허먼 멜빌의 이름과 작품은 미국의 문학사에서 가장 높은 성좌를 차지하게 되었다.

윌리엄 포크너는 다른 작가의 책 가운데, 자기가 썼더라면 하는 단 한 권의 책이 《모비 딕》이라고 했다. 어니스트 헤밍웨이는 자신이 넘어서고 싶은 작가로 허먼 멜빌을 꼽았다. 헤밍웨이는 고래가 아닌 청새치를 잡는 한 노인 이야기를 쓴 짧은 소설 《노인과 바다》로 노벨 문학상을 받았다.

4장 모카 딕이 있었다

대부분 알고 있을 사실이지만, 멜빌의 《모비 딕》에서 에이허브 선장이 광기에 사로잡혀 쫓는 대상, 모비 딕은 고래다. 정확하게는 흰색 향유고래에 붙인 이름이다.

모비 딕이라고 이름 붙여진 흰색 향유고래는 소설에서 고도로 함축적인 상징성을 갖는 존재다. 허먼 멜빌이 모비 딕이라는 고래로 표현하고자 했던 것은 과연 무엇일까? 멜빌이 말했던 이 소설의 악마성이 바로 이 모비 딕을 통해 드러나는 것일까?

멜빌의 이 소설에서 모비 딕은 피쿼드호의 선장 에이허브의 맞대결 상대로 등장한다. 인간 에이허브와 바다 괴물 모비 딕의 격렬한 대결!

그 세기의 대결에서 에이허브와 피쿼드호는 파멸하고 승리는 모비 딕에게 돌아간다. 이슈마엘과 그 뒤에 숨은 작가 멜빌은, 관전자이자 해설자, 심판, 그 대결에 대한 비평가처럼 보인다.

단지 인간과 자연의 대결에서 인간의 패배를 그렸기 때문에 허면 멜빌이 자신의 그 책을 "사악한 책"이라고 불렀다고 한다면, 그건 너무 단순한 해석일 것이다. 고작 그런 이야기로 "세기의 복음서"를 썼다고 한다면, 그건 너무 지나친 농담일 것이다.

우리는 좀 더 신중하게, 몇 개의 우회로를 거쳐 천천히 나아가야 한다.

향유고래는 그 압도적인 크기와 독특한 생김새로 경이로움을 자아내는 바다 생명체다. 전체적인 몸 빛깔은 어두운 회색 계열이지만 나이가 들수록 흰색에 가까워지는 경향이 있다. 멜빌이 소설에서 "얼굴이 없다"고 묘사한 것처럼, 다른 고래들과 달리 뭉툭한 사각형 모양의 머리가 몸길이의 3분의 1 정도를 차지할 만큼 큰 것이 독특하다. 또 허파에 산소를 저장하는 능력이 뛰어나서 약 한 시간 정도 물속에서 견딜 수 있으며, 수심 2,200m나 되는 심해까지 내려가기도 한다. 대왕고래라고도 불리는, 지구에서 가장 거대한 크기의 몸집을 자랑하는 흰긴수염고래보다는 크지 않지만, 그래도 향유고래 수컷은 아주 큰 개체의 경우 길이가 20미터, 몸무게가 45톤에 이르기도 한다(대왕고래는 평균 길이 25미터, 최대 몸무게 약 130톤이다).

향유고래는 머리를 위쪽으로 하여 몸을 수직으로 세운 채 잠을 자는 특이한 수면 방식으로도 유명하다. 그 장엄하고 신비로운 자태와는 무관하게, 기름을 가진 고래란 뜻의 '향유香油, sperm' 고래라는 이름은 수난의 이름이 되고 말았다. 향유고래 머리에서 얻어내는 향기로운 기름, 그리고 소화기관에서 생성되는 물질로서 최고급 향수 재료인 용연향龍涎香, ambergris 때문이다.

1712년, 미국의 한 포경선이 조업 중에 풍랑에 휩쓸려 먼바다로 나갔다가 운 좋게 향유고래를 잡아 온 사건이 발생했다. 이전까지 주요 포경 대상은 수염고래였다. 수염고래는 주로 육지와 가까운 연안 바다에 사는 탓에 상대적으로 잡기 쉬웠다. 당시 사람들은 수염고래의 수염을 활용했다. 고래수염은 잘 휘고 잘 부러지지 않아 여성용 코르셋이나 장식품들을 만들기에도 유용했다.

1712년 사건 이래, 미국 포경산업은 앞다투어 먼바다로 나가 향유고래를 사냥하기 시작했다. 향유고래의 머리에서는 상당한 양의 향유가 나왔다. 향유고래 기름은 양초를 만들기에 적합한 물질이고 또 고래기름은 기계용 윤활유로도 쓰였다. 큰 향유고래 한 마리당 1만 리터나 되는 기름을 얻을 수 있었다. 산업화 초기의 미국은 공장을 돌리는 데 필요한 윤활유 사용이 급증하고 있었다. 지금까지도 '바다에서 나는 황금'으로 일컬어지는 용연향도 얻을 수 있었으니 향유고래는 말 그대로 큰 돈벌이가 되는 사업이었다. 미국의 포경업자들은 먼바다에서만 잡히는 향유고래를 사냥하기 위해 원양어선을 건조하고 최신 작살을 개발하기 시작했다.

미국의 포경선들은 이 향유고래를 쫓아 18세기부터 20세기에 이르도록 전 세계의 바다를 누볐다. 허먼 멜빌이 《모비 딕》을 쓰던 1850년대는 향유고래 사냥이 최절정기에 이르던 시대였다.

1859년 펜실베이니아에서 최초로 석유를 시추하는 데 성공하여 그때부터 점차 석유가 고래기름을 대체하기 전까지, 향유고래 사냥은 전 세계 바다에서 이루어졌다. 바다에서 천적이 없던 향유고래에게, 뭍에 사는 인간만이 유일한 천적이 되었다.

거대한 몸을 가진 향유고래는 다른 고래들과 함께 오늘날 바다 생태계를 건강하게 유지하는 커다란 역할을 맡고 있다. 모든 고래의 삶과 죽음 전체가 바다 생태계와 긴밀하게 연결되어 있다. 고래 똥조차 그렇다. 바닷물에 가장 부족한 영양분은 철분이다. 고래가 주변 바닷물보다 철분 농도가 천만 배나 높은 배설물을 바다 표면에 흩트리면, 마치 비료를 준 것처럼 식물플랑크톤이 번성하고 이를 먹는 동물플랑크톤과 작은 물고기 등 해양생태계가 연쇄적으로 풍성해진다. 식물플랑크톤은 광합성 작용을 하여 대기의 이산화탄소를 흡수하고 죽어 가라앉으면서 탄소를 환경으로부터 격리하기도 한다. 향유고래, 대왕고래, 혹등고래, 귀신고래처럼 큰 고래들은 또 몸 자체가 하나의 거대한 이산화탄소 저장고이기도 하다. 또한 죽은 고래가 심해로 가라앉는 '고래 낙하whale fall'라고 부르는 과정은 심해 생물들에게 중요한 영양원 공급처가 되기도 한다. 이처럼 고래는 해양생태계가 건강하게 살아 숨 쉬는 데 매우 중요한 역할을 한다.

바다 생태계는 이렇게 플랑크톤에서부터 고래에 이르기까지, 상호 의존하는 공생적 연결 관계 속에서 영위된다. 어느 것도 낭비되지 않고, 과잉 소비되는 것도 없다. 생태적 연결망을 초월하여 홀로 존재할 수 있는 생명체는 없다. 이 모든 것은 바다 생물들과 바다와 공기의 생성 흐름을 통해 조정되고 조율된다. 수십억 년 전 바다에서 첫 생명이 탄생한 이래, 바다는 그런 방식으로 무수히 많은 생명을 낳고 길러왔다.

불행히도 오늘날, 사정이 많이 달라졌다. 다른 많은 해양생물과 함께 고래들도 다시 생존의 위협에 직면하고 있다. 무분별한 남획과 해상교통으로 인한 피해, 석유 시추나 해양 개발, 폐수, 플라스틱 같은 해양쓰레기 등 인간이 야기한 각종 문제 때문이다. 향유고래는 지금 세계자연보전연맹IUCN 적색목록 '취약VU: Vulnerable' 종으로 등재되어 있다.

멜빌 소설 속 모비 딕의 모델로 등장한 바람에 향유고래는 고래 중에서도 가장 유명한 고래가 되었다. 소설에 나타난 악마적이고 공포스러운 이미지로 인해 향유고래는 인간들에게 마치 바다 괴물 '리바이어던'처럼 이미지화되는 피해를 보았다. 쥘 베른의 《해저 2만 리》나 카를로 콜로디의 동화 《피노키오》에 등장하는 향유고래는 영화 〈죠스〉에 등장하는 상어만큼이나 괴물처럼 그려진다. 《해저 2만 리》에서 향유고래는 착한 밍크고래를 습격하는 악당으로 그려지는데, 분노한 네모 함장은 수십 마리의 고래를 무참하게 처벌해 버린다. 《피노키오》에서는 《구약성서》 중 〈요나서〉의 변주처럼, 고래 몬스트로가 피노키오와 제페토 할아버지를 삼켜 버린다.

허먼 멜빌이 살던 시대엔, 오히려 고래사냥꾼들 사이에서 경이의 대상이 되던 위대한 흰 향유고래가 있었다.

그 향유고래의 이름은 모카 딕Mocha Dick이었다. 멜빌은 모카 딕에서 착안하여 모비 딕이라는 이름을 지었다.

모카 딕은 그 향유고래가 19세기 초반 칠레 중부 연안의 모카섬 근처 바다에서 처음 발견되었던 탓에 붙여진 이름이다. 모카 딕은 온몸이 새하얀 색이었다. 알비노 유전병 탓이었다. 모비 딕이 공포의 흰색이라는 멜빌의 영감도 거기에서 나왔다.

최초로 발견된 1810년대 이래, 모카 딕은 미국 포경꾼들 사이에서 전설이 되기 시작했다. 1839년 5월, 제러미 레이놀즈라는 미국의 탐험가가 이 전설적인 바다의 리바이어던, 모카 딕에 관해 직접 관찰한 바와 수집한 자료를 토대로 〈모카 딕: 또는 태평양의 흰 고래〉라는 기사를 《니커보커The Knickerbocker》지에 게재하기도 할 정도로 유명했다. 그는 그 기사에서 모카 딕에 관해 "놀라운 크기와 힘을 가

Jeremiah N. Reynolds,
〈모카 딕: 또는 태평양의 흰 고래〉,
Cameron and Ferguson,
London, Glasgow, 1870.
출처: 위키피디아

진 늙은 황소 고래 … 양털처럼 하얗다"라고 묘사했다.

모카 딕은 애꾸였고, 거대한 머리통 부분엔 백색의 칼자국이 나 있는 걸로도 유명했다. 물론 이 모든 상처는 인간에 맞선 투쟁에서 얻은 상처였다. 그가 인간과의 사투에서 최후를 맞이했을 때, 그의 온몸엔 이미 열아홉 개나 되는 작살이 꽂혀 있던 상태라고 전한다.

영악할 정도로 지능적이고 용맹했던 모카 딕에 관해선 사실의 확인이 쉽지 않은 수많은 영웅적 전설(?)이 전해 내려온다.

1840년 7월, 고래 한 마리가 영국 포경정(모선과 별도로 고래의 직접적인 포획을 담당하는 배)과 대적한 끝에, 오히려 두 포경선 중 한 척에 충돌하여 배를 파괴하고는 유유히 사라졌다. 그때 살아남은 생존자는 그 향유고래의 이마에 커다란 칼자국을 보았다. 모카 딕이었다.

그리고 한 달 후, 결전이 다시 벌어졌다. 이번엔 북대서양에서였다. 포경정 두 척이 향유고래 한 마리를 사냥하여 잡은 고래를 끌어들이던 찰나, 어디선가 갑자기 모카 딕이 나타났다. 모카 딕은 동족의 죽음에 분노한 듯 포경정 두 척을 삽시간에 뒤엎어 버렸고, 죽은 동족의 시체를 끌고 가려다 본선이 접근해 오자 하는 수 없다는 듯 깊은 바다 저 속으로 잠수해 버렸다.

자신의 한쪽 눈을 앗아갔고, 몸에 칼자국 상처를 남겼고, 자기 동족들을 죽인 인간들을 얼마나 증오했던지, 모카 딕은 포경선을 만날 때마다 맞서 싸우길 마다하지 않았다고 한다. 뛰어난 지략으로 포경정들을 따돌렸다가 갑자기 뒤쪽에서 출몰하여 배를 뒤집거나 충돌하여 선원들을 바다에 수장시켰다.

전해지는 바에 따르면 모카 딕은 1859년에 최후를 맞이했다. 모카 딕에 관한 전설이 세상을 떠돈 지 수십 년도 더 지난 시점에, 아이슬란드와 가까운 북대서양에서 스웨덴 포경선을 만나면서였다. 처음엔 그들도 이 고래가 모카 딕인지 잘 몰랐으나, 나중에 잡고 보니 머리에 칼자국이 선명하고 애꾸인 점으로 보아 모카 딕임을 확인했다고 한다. 온몸에 꽂힌 작살들을 보면 그때까지 살아 있는 게 기적으로 생각될 정도였다.

모카 딕은 이미 스스로 죽음을 예감하고 있었는지도 모른다. 그는 스스로 장렬한 최후의 투쟁을 마다하지 않았는지도 모른다.

모카 딕을 죽인 포경선의 선원들도 죽은 모카 딕 앞에서 고개를 숙여 경의를 표했다.

모카 딕은 허먼 멜빌의 소설에서 모비 딕으로 다시 태어났다.

영어 속어인 '모비Moby'는 '아주 크다'는 뜻이다.

'딕Dick'은 오늘날엔 속어로 남자의 성기를 뜻하지만 당시엔 보통 '사내' 정도의 뜻을 가진 단어였다.

모비 딕은 아주 큰 수컷 사나이다.

5장 역진화

허먼 멜빌은, 오늘날 우리에게는 고래가 포유류에 속한다는 것이 상식이지만, 고래가 어류에 속하는 해양생물이라고 믿었다.

고래가 해양포유류로 처음 분류된 것은 카를 폰 린네의 《자연의 체계》에서다. 멜빌도 그 책을 읽었다. 고래에 관한 한 멜빌은 《모비딕》 안에 '고래학'이라는 제목의 장을 따로 마련할 정도로 당대 거의 모든 고래 관련 지식들을 섭렵했다. 하지만 그는 "고래가 물고기라는 구식 의견을 받아들여 성스러운 요나에게 나를 지지해 달라고 부탁하겠다"라며 린네의 주장을 거부했다. 오히려 고래의 형태에 주목하면서 고래를 "수평 꼬리를 가진 물을 내뿜는 물고기"라고 정의했다.

생물학적인 관점에서 멜빌은 오류를 범했지만, 사실 당시까지만 해도 고래가 포유류라는 린네의 관점을 대다수 학자가 부인했다는 점에서 용서받을 만하다. 멜빌은 바닷물고기의 왕자, 《구약성서》에도 등장하는 성스러운 요나의 전설을 자신의 소설에 활용하는 것이 주제에 더 어울릴 것으로 판단했을 터이기 때문이다.

인류는 오랫동안 고래를 물고기로 상상해 왔다. 《구약성서》에 등장하는 요나 이야기에서부터, 그 생명체의 이름에 이르기까지.

요나는 아시리아의 최대 도시 니네베로 가서 그곳의 사람들을 회개시키라는 명령을 받고도 배를 타고 타르시스로 도망치려 했다. 하지만 바다에 큰 폭풍이 일어 배가 침몰 위기에 처하자 선원들은 요나 탓이라며 그를 바다로 내던졌다. 신은 '큰 물고기'를 시켜 요나를 삼키게 해, 요나는 사흘 낮과 밤을 그 물고기 배 속에 있었다. 요나를 삼킨 '큰 물고기'는 후세에 고래로 추정되었다. 지구상에 사람을 통째로 삼킬 만한 크기의 '어류'는 존재하지 않기 때문이다.

고대 그리스인들은 고래를 케토스ketos(라틴어로는 cetus)라고 불렀다. 그 단어는 "큰 물고기" 또는 "바다 괴물"이라는 뜻을 지녔다. 그리스 신화의 페르세우스와 헤라클레스가 죽인 바다 괴물이 케토스, 즉 고래라고 설명되어 있다.

고대 중국인들도 고래를 큰 물고기로 알아왔다. '고래 경鯨' 자를 보면 '물고기 어魚'에 '서울 경京'이 붙어 있다. '물고기 대장'이라는 뜻이다.

고래를 의미하는 영어 단어 '웨일whale'의 어원도 '큰 물고기'를 뜻하는 단어다.

다만 안타깝게도 한국어 '고래'의 어원은 명확하지 않다.

반구대 암각화에 수없이 많은 고래 그림을 새겼던 신석기인들은 고래를 무엇이라고 불렀을까? 한국인들은 언제부터 고래를 '고래'라고 불렀을까?

현재 알려진 바로는, '골짜기谷에서 물을 뿜는 입구'에서 이름이 생겼다는 설, 그리고 소리와 연관되어 있다는 설이 있다.

그러고 보면, 전통 한옥의 온돌구조에도 '고래'라는 단어가 쓰인다. 구들장에 고래를 설치한다고 한다. 온돌이란 고래를 설치하여 화기가 고래 위에 덮여 있는 구들장을 뜨겁게 덥혀 방바닥 전체를 난방하는 구조물이다. 고래란 화기가 지나가는 길을 가리키는 말이다. 즉 불길이 지나가는 골짜기다.

온돌 구조는 청동기시대부터 사용되었다고 한다. 온돌에 쓰이는 고래라는 단어와 바다의 고래 사이엔 무슨 연관이 있을까? 선조들은 두 단어 사이를 어떻게 연관시킨 것일까?

또 한국인들은 '크게 고함 지른다'라고 할 때, '고래고래' 소리 지른다고 표현한다. 고래를 소리와 관련짓는 것은 동북아시아의 전설에 등장하는 포뢰蒲牢 이야기와 얽혀 있다. 전설에 따르면 포뢰는 용의 아홉 아들 중 셋째 아들이었다. 바닷가에 사는 포뢰는 겉모습은 용을 닮았는데도 겁쟁이였다. 조금만 놀라도 두려움에 큰 소리로 울음을 터뜨리곤 했다. 포뢰를 가장 놀라게 한 것이 덩치가 무지막지하게 큰 고래였다. 포뢰는 먼바다에 고래 그림자만 비쳐도 두려움에 큰 소리로 울부짖어 그 소리가 사방천지를 가득 채웠다 한다.

즉, 고래는 용의 아들 포뢰를 놀라게 만들고, 크게 울게 만든다는 것이다.

‘두드릴 고叩’에 포뢰의 ‘뢰’ 자를 붙인 말이 고래의 어원이 되었다.

지금도 전통 사찰마다 있는 종과 종을 치는 당목에 포뢰와 고래의 상징이 숨어 있다. 경주에 있는, 소위 ‘에밀레종’으로 알려진 성덕대왕신종. 그 아름답고 큰 종을 매다는 종뉴 부분엔 용이 조각되어 있는데, 그것이 바로 포뢰를 상징하는 것이다. 그리고 종을 치는 당목은 대개 고래를 상징하는 물고기 모양으로 조각된다.

고래가 포뢰를 치면, 두려움에 빠진 포뢰는 크게 운다.

고래가 종을 칠 때마다 포뢰의 울부짖음은 종소리가 되어 넓게 넓게 퍼져나간다.

모든 사찰마다, 고래가 있었다.

그런데 고래만 해양포유류인 건 아니다. 해양포유류 중에는 듀공이나 매너티도 있다. 하지만 고래의 경우는 뭍에 살던 네발 포유동물이 육지를 떠나 다시 바다로 들어간 것으로, 역진화의 놀라운 상징성을 보여준다.

5500만 년 전, 따뜻했던 신생대 지구. 그때 육지에는 이미 소, 돼지, 낙타, 하마, 사슴 같은 포유동물이 번성하고 있었다. 그들 중에 고래의 조상인 파키케투스Pakicetus가 있었다. 파키케투스는 멧돼지 혹은 늑대를 닮았다. 네 다리에는 소처럼 발굽도 달려 있었다고 한다. 오늘날, 진화생물학자들은 고래와 소는 같은 조상에서 갈라졌다고 보고 있다.

4000만 년 전 무렵, 파키케투스는 거대 포식자인 바실로사우루스Basilosaurus와 돌고래의 조상으로 알려진 상대적으로 작은 도루돈Dorudon이라는 해양 동물로 갈라져 진화했다.

그리고 약 500만 년 전, 바실로사우루스와 도루돈은 진화를 거듭한 끝에 오늘날과 같은 고래와 돌고래로 진화했다.

육상생물에서 해양생물로 되돌아가는 역진화.

고래는 왜 굳이 뭍을 떠나 다시 바다로 돌아간 걸까?

고래의 역진화 사례는 자연 진화 과정에 대해 오랜 세월 굳어져 왔던 목적론적이고 인간 중심적인 관점을 뒤집었다.

진화론의 창시자 찰스 다윈은 결코 자연의 연속적이고 목적론적인 진화를 이야기하지 않았다. 진화의 목적은 인간종을 향해 있는 것이 아니었다.

생물진화는 불연속적이고, 우발적이며, 창조적인 것이다.

다윈은 한 존재와 다음 존재 사이엔 **아찔한 불연속성**이 있음을 발견했다.

그러한 불연속성은 "마치 결과가 항상 원인을 다소 넘어서는 것처럼 각 세대에 유일하고 독보적인 발명이 있음을 상정"[9]하게 한다.

진화의 시계를 거꾸로 돌렸을 때도 지금과 똑같은 진화가 일어나게 된다고 상정하는 것은 다윈의 진화 이론을 근본적으로 오해하는 것이다. 그것은 마치 침팬지에서 호모 종이 진화하고, 이어서 호

9 브뤼노 라투르, 《과학인문학 편지》, 이세진 옮김, 사월의책, 2012, 215쪽.

모 사피엔스가 진화적으로 출현한 것이 자연의 결정론적 인과법칙에 따라 필연적으로 결정된 것이라는 오해에서 기인한다.

자연의 진화 목적이 인간의 생성이며, 진화 사다리의 가장 높은 꼭짓점이 인간종이라는 생각만큼이나 낯간지러운 인간 중심적 신화가 또 있을까? 진화는 피라미드 구조가 아니라, 차라리 어지럽게 퍼져 나가는 방사형에 더 가까운 이야기다.

파키케투스를, 그보다 더 진화한 다음 집단인 바실로사우루스로 이어주는 진화의 법칙은 없다. 파키케투스에서 고래로 진화한 사실은 자연법칙에 따라 매끄럽게 이어진 연속적인 발생 이야기가 아니다. 그들 사이엔 보전과 멸종의 무수한 기회와 위험, 우발적 돌연변이 등의 사건들이 개입하게 마련이다. 만일 진화 시계가 거꾸로 돌아가 다시 시작한다면, 파키케투스가 반드시 바실로사우루스로 진화하리라는 예상은 결코 성립할 수 없다.

모비 딕의 모델인 향유고래가 이후 어떻게 진화할까에 관해서는 그 어떤 정해진 경로도 없다. 향유고래가 다시 뭍으로 올라와 육상생물이 되거나 또 다른 형태의 해양생물로 진화할지, 혹은 인간종의 바다 생태계 파괴로 멸종의 비극에 처할지는 결코 예측할 수 없다. 향유고래 속엔, 미리 정해진 연속적인 다음 단계의 어떤 생물도 들어 있지 않다.

인간종의 미래 진화 과정도 마찬가지다. 인간의 진화적 발명 역시 예측 불가능하게 다양하고 복잡하며, 우연과 발명이 뒤얽힌 생물 진화의 무한히 다양한 갈래들 가운데 하나일 뿐이다.

먼 미래엔 인간종도 과거 고래가 그랬듯 역진화를 거쳐 바다 생물로 진화하게 될지 누가 알겠는가? 별로 나쁘지 않은 상상 같지 않은가?

커트 보니것은 1985년, 인간종의 역진화를 상상한 흥미로운 소설을 썼다. 《갈라파고스》라는 소설이 바로 그것이다.

유람선을 타고 갈라파고스 제도를 관광하려던 이들이 사고로 갈라파고스에 고립되고 만다. 이들은 갈라파고스에서 하염없이 구조를 기다리지만, 바깥세상은 전염병으로 인해 인류가 멸망해 버린 상태다. 갈라파고스에 남겨진 인류 최후의 생존자들은 결국 고립된 갈라파고스에서 바다거북들처럼 힘겹게 생존을 이어가야 한다.

그들의 자손의 자손들은 계속 갈라파고스에서 살아가고, 진화는 거듭된다. 백만 년의 긴 세월이 흐른 후 인류는 지금의 물개와 비슷한 형태로 진화하게 된다.

호모 사피엔스, 마침내 물개로 역진화하다!

6장 서식지

서식지habitat란 특정 종의 생물이 거주하는 환경 구역을 일컫는 중요한 생태학 개념이다. 서식지 선택은 특정 생물군의 생존 적합도와 밀접한 관련이 있고, 서식지의 온전한 보존은 생물다양성 유지와 보존을 위해 가장 중요하다.

한 생물종이 고유한 서식지를 빼앗기는 것은, 인간계로 치면 영토를 빼앗기고 난민이 되거나 완전히 멸절에 이르는 것과 다름없다. 코로나, 메르스, 사스 같은 인수공통감염병이 원래 보균자인 야생동물계를 넘어 인간계로 침투해 들어오게 된 것도 야생동물의 서식지 파괴와 관계가 있다는 사실을 관련 전문가들이 지적하고 있다. 인간들이 무분별하게 숲을 개간하고, 나무를 베고, 돈벌이를 위해 동물들을 사냥하면서 삶의 터전에서 내쫓긴 동물들을 매개로 인수공통감염병이 확산되고 있다는 것이다. 코로나바이러스를 인간에게 옮긴 주범으로 박쥐가 거론되고 있지만, 실은 인간들이 박쥐를 인간세계로 끌어들인 탓이다. 박쥐는 삶의 터전, 서식지를 잃고 인간 마을로

박쥐-난민이 되어 찾아들어 왔던 것이다.[10]

난민화되는 동물들. 북극해빙이 녹기 시작하면서 서식지를 잃고 방황하는 북극곰들, 북극늑대들. 아마존 열대우림이 농지개발을 위해 불타고 베어지면서 죽거나 숲에서 쫓겨나는 동물들. 그리고 무엇보다 치명적인, 바다 서식지 파괴.

지구의 약 70퍼센트는 바다로 이루어져 있다. 바다는 산호초, 동식물성 플랑크톤, 식물성 조류, 고래와 상어를 비롯하여 수십만 종에 이르는 해양생물들의 풍요로운 서식지다.

바다는 해양생물들에겐 인간이 숨 쉬는 공기, 발 디디고 사는 대지 자체와 같다. 지구온난화로 바다 온도가 점점 더 올라가 뜨거워지면, 산호초들이 백화현상을 일으켜 죽어가고, 산호에 의지해 살아가는 수천 종의 물고기들이 서식지를 잃고 멸절한다. 그러면 자칫 해양생태계의 먹이사슬이 붕괴할 수도 있다.

또 태평양, 대서양, 인도양 등 모든 바다엔 너무 많은 원양어선이 바다 밑바닥까지 샅샅이 훑어대는 어업방식으로 바다 생물들을 절멸 위기로 몰아가고 있다.

나는 〈씨스피러시Seaspiracy: 바다의 음모〉 다큐멘터리를 보고는 큰 충격을 받았다. 일본의 다이지 마을에서 벌어지는 붉은 피 낭자한 돌고래 사냥을 다룬 다큐멘터리 〈더 코브〉 이상으로 내게 충격을 주었다.

10 데이비드 콰먼, 《인수공통 모든 전염병의 열쇠》, 제3판, 강병철 옮김, 꿈꿀자유, 2022 참고.

그 다큐멘터리는 상업어업이 해양생태계에 미치는 영향을 파헤치며, 그야말로 '바다sea'에서 벌어지는 '음모conspiracy'를 폭로했다. 일반인들은 모르는 놀라운 이야기들을 담고 있었다. 그 다큐멘터리는 내가 울산 장생포와 울주군 반구대 암각화 주변을 답사하고 온 지 1년 후에 발표된 것이었다. 그 다큐멘터리를 만든 감독은 내가 바다에 관해 하고 싶었던 바로 그 일을, 직접 카메라를 들고 촬영하면서 해내고 있었다.

태평양 바다 위에 떠다니는 거대한 쓰레기 섬을 채운 플라스틱 쓰레기의 거의 절반이 상업적 어업에 종사하는 배들이 버린 플라스틱 어구들(바다에 버려지거나 남겨진 낚싯줄, 그물 등)이며, 정작 플라스틱 빨대는 1퍼센트도 차지하지 않는다는 것.

또한 현재 바다를 돌아다니는 수백만 척의 상업적 어업 선박이 매년 잡아들이는 약 2조 하고도 수천억 마리의 물고기들로 어업뿐 아니라 장래 바다 생태계의 생존 자체가 불투명해지고 있다는 것.

대규모 상업 어획에는 보호해야 할 고래류, 상어류, 바다거북 등이 함께 딸려오는 부수어획 문제가 항상 발생하게 마련이다. 이런 부수어획으로 매년 죽는 고래류가 수십만 마리에 달한다. 예를 들면, 한 어선에서 참다랑어 10여 마리를 잡는데 그보다 다섯 배나 많은 약 50여 마리 돌고래가 부수어획으로 잡혀 죽임을 당하는 식으로.

미국의 생태학자 개릿 하딘Garrett Hardin은 1968년 《사이언스》지에 기고한 짤막한 에세이를 한 편 기고했다. 그 에세이는 오늘날 '공유지의 비극' 문제로 널리 알려져 있다.

마을이 공유하는 유한한 목초지를 아무 제한 없이 마을 주민 각자가 자유롭게 소를 풀어 풀을 뜯어먹게 한다면 그 결과는 어떻게 될까? 개릿 하딘에 따르면, 공유지의 크기와 생태조건은 유한하기 때문에 개인별 경쟁은 결국엔 공유지의 완전한 파괴에 이르게 된다.

바다는 유한하다. 바다 어류의 수도 유한하고, 산호초도, 플랑크톤도 유한하다.

무엇보다 바다는, 인간종의 이익을 **위해서** 존재하는 무엇이 아니다. 오늘날 바다는 세계 모든 나라들이 함께 공유하는 작은 호수나 마찬가지다. 해양생물들의 고유한 서식지이던 광대한 바다는, 인간들로 인해 그 성격이 완전히 바뀌고 있다. 인간들에게 바다는 돈벌이, 식량, 미식을 위한 사냥터이자, 온갖 산업 · 생활 쓰레기에 심지어 원전 오염수까지 무단 방류하는 폐기물처리장이다.

바다의 생명들은 수조에 갇힌 채, 도망갈 곳도 없다.

배 속에 플라스틱 쓰레기를 잔뜩 채운 고래들이 죽은 채 바닷가로 떠밀려 온다. 오늘날의 모비 딕들은 포경선 작살보다 플라스틱 쓰레기로 더 고통받는다.

공유지의 비극 이론은 지구의 바다에서 가장 정확한 표현을 얻는다.

7장 아, 갈라파고스!

나는 작가 이전에 먼저 한 사람의 뱃사람, 고래를 사냥하는 포경선원이었던 허먼 멜빌을 다시 떠올린다.

멜빌이란 이름은 내게 늘 찰스 다윈이라는 이름도 동시에 떠올리게 만들곤 했다. 고래와 바다에 관한 관심은 자연스럽게 나를 또 한 사람의 탐험가, 찰스 다윈에게로 이끌었던 것이다. 고래를 이해하기 위해선 다윈과 진화의 역사를 경유해야만 하는 것이었기에.

놀랍게도 두 사람은 동시대를 살았다. 또 그들은 태평양 바다의 한 특정한 장소를 앞서거니 뒤서거니 하면서 다녀갔고, 그 장소는 두 사람 모두의 경력에 아주 중요한 장소가 되었다.

찰스 다윈은 1809년에 태어나 1882년에 죽었다.

허먼 멜빌은 1819년에 태어나 1891년에 죽었다.

허먼 멜빌이 포경 선원이 되기 위해 처음 포경선을 탄 건 1840년, 21세 때의 일이다. 찰스 다윈이 지적 호기심과 모험심에 이끌려 비글호에 올라 그 유명한 갈라파고스 탐험에 나선 건 1831년, 22세

때의 일이다. 20대 초반의 두 젊은 청년이 앞서거니 뒤서거니 하며 갈라파고스를 찾은 것이다.

1839년, 30세의 찰스 다윈은 5년간의 탐험 기록 《비글호 항해기》를 출판했다.

1851년, 32세의 허먼 멜빌은 《모비 딕》을 처음으로 세상에 내놓았다.

1859년, 찰스 다윈은 마침내 역사적인 저작 《종의 기원》을 발표하게 된다.

탐욕적인 독서가였던 멜빌은 《비글호 항해기》를 1847년판으로 읽었다. 그가 그 책에 큰 관심을 가졌던 이유는 사실 멜빌과 다윈 두 사람 모두 청년 시절, 오늘날엔 다윈 때문에 너무나 유명해진 태평양의 섬, 갈라파고스에 다녀갔기 때문이었다.

갈라파고스. 땅거북과 이구아나들, 다윈의 핀치새들, 황량한 바위섬들이 망망대해 태평양 위에 점점이 떠 있는 그곳. 갈라파고스Galápagos는 스페인어로 '거북섬'이라는 뜻이다. 갈라파고스 제도는 남미 대륙에서 서쪽으로 천 킬로미터가량 떨어진 적도 부근 태평양의 19개 화산섬과 주변 암초로 이뤄진 섬들을 포함한다. 지금은 남미의 에콰도르 영토에 속해 있다.

16세기에 유럽인들이 그곳을 찾기 전까지 까마득한 세월 동안 황량하고 고립된, 바다와 야생생물들에게 속한 섬이었지만 찰스 다윈의 진화론 때문에 너무 유명해진 탓에 주인도, 환경도 크게 바뀌고 말았다. 지금은 인간의 정복으로 야생성을 사실상 상실하고 인간의 보호(?) 아래 놓여 있다. 20세기 들어서는 육지에서 정착민들이 대거 몰려들고, 또 수많은 관광객이 몰려드는 바람에 생태오염 문제로 심한 몸살을 앓게 되어 문제가 되기도 했다.

찰스 다윈이 갈라파고스 제도에 처음으로 도착한 것은 1835년 스물여섯 살 때였다. 그는 그곳에서 5주간 머물면서 예리한 과학자적 시선으로 나중에 진화론 탄생의 씨앗이 될 자연선택의 증거들을 수집했다.

허먼 멜빌이 갈라파고스 제도에 도착한 것은 다윈보다 고작 6년 후인 1841년, 스물두 살 때였다. 그는 그곳에 3주간 머물렀다. 그로부터 십여 년이 흐른 후 1853년, 다윈이 쓴 《비글호 항해기》가 그의 기억을 소환했다. 멜빌은 자신이 갈라파고스 제도에서 본 거북을 비롯한 동물들과 그곳 풍경에 대한 상념을 전개하는 가운데, 찰스 다윈과는 전혀 다른 방향에서 기억 속 풍경의 의미를 숙고한 소설을 발표했다. 바로 〈엔칸타다스, 마법에 걸린 섬들〉이라는 중단편 소설이다. 그는 그 소설을 《퍼트넘 먼슬리 매거진Putnam's Monthly Magazine》이라는 잡지에 발표했는데, 같은 해에 그 잡지에 또 다른 탁월한 작품 〈필경사 바틀비: 월가의 이야기〉도 실었다.

진화론으로 기독교적 창조론을 전복시키며 생명의 역사를 다시 쓰게 만든 현대 진화생물학의 아버지 찰스 다윈, 《모비 딕》과 〈필경사 바틀비〉 등의 작품으로 미국 현대 문학의 위대한 선구자가 된 허먼 멜빌. 이 두 사람이 태평양 바다와 갈라파고스 제도라는 공통점을 갖고 있다는 사실 하나만으로도 내겐 의미심장한 충격을 주었다. 동시에 막상 《모비 딕》과 〈엔칸타다스, 마법에 걸린 섬들〉을 발표할 무렵의 허먼 멜빌이 처한 상황을, 《비글호 항해기》로 다윈이 고국 영국에서 받은 귀빈 대접과 비교해 보자면 아이러니하다는 생각, 서글프고 심란한 마음에 빠져들기도 한다.

멜빌이 전심전력을 다해 썼던 야심작 《모비 딕》은 발표 당시엔 평단이나 독자층 모두에게 철저하게 외면당해, 멜빌은 심한 절망 상태에 빠져 있었다. 멜빌은 남태평양의 야만족이 사는 섬에 대한 모험기였던 자신의 첫 번째 책 《타이피》로 반짝 인기를 얻었지만, 그게 전부였다. 《종의 기원》 출판이 불러온 시끌벅적한 논란으로 다윈이 세상의 이목을 집중시키고 있을 때, 허먼 멜빌은 사실상 소설가로서의 경력이 끝장난 것이나 다름없었던 것이다.

소설가가 아닌, 뉴욕 세관의 평범한 직원으로 묵묵히 일하던 멜빌. 죽기 전에 다시 소설에 대한 열정을 불태우며 남몰래 써나갔지만 끝내 미완성으로 남겨져 사후 유작이 되어버린 《선원, 빌리 버드》라는 소설. 허먼 멜빌이 문학적으로 재평가되기 위해선 그의 사후에도 거의 반세기라는 시간이 더 필요했다.

고작 몇 년의 간격을 두고 갈라파고스 제도에 머무르며 그곳을 경험하고 관찰한 두 사람이 각자 고국에 돌아간 후에 남긴 책은 극단적이라 생각될 만큼 평가가 너무나 달라 나를 당혹스럽게 한다. 《비글호 항해기》와 〈엔칸타다스, 마법에 걸린 섬들〉만 놓고 비교할 때, 마치 다윈은 생명의 다양성과 풍부함을, 멜빌은 생명의 허무와 죽음, 멸절만을 본 듯하기도 하다.

찰스 다윈에게도 갈라파고스 제도의 첫인상은 황량함, 삭막함 그 자체였다. "울퉁불퉁한 검은 현무암 용암으로 된 땅의 여기저기에 커다란 틈이 나 있고, 어디에나 태양에 시든 작은 덤불들이 있지만, 그 덤불에는 생명의 그림자라고는 거의 없는 것 같았다"[11]고 적고 있기 때문이다. 다윈의 날카로운 관찰력은 그런 인상기에 그치지 않았다. 과학자다운 문제의식으로 각 섬에 서식하는 거북이와 핀치새 등을 계속 관찰하고 분석하면서 그의 평가는 급반전한다.

다윈은 고립된 갈라파고스 제도의 섬마다 핀치새와 거북의 모습이 제각각 다르다는 사례들을 통해 놀라운 가설을 세우게 된다. 갈라파고스라는 격리된 환경과 생활 조건에 부합하는 변이를 통해 생물진화가 발생하였고 그 결과로 종의 다양성이 생겨났다는 가설을 생각하게 된 것이다. 그는 갈라파고스 제도에서만 서식하는 고유한 종들도 각기 따로 구분하고 분류하면서 이를 "정말로 놀라운 사실"이라고 강조한다. 갈라파고스 제도의 특이한 환경 조건에서만 유일하게 생존할 수 있었던 생명체의 특이성을 경이롭게 여긴 것이다. 그는 갈라파고스 제도에 서식하는 생물들의 지리적 분포도를 이해하게 되면, "다음과 같은 표현을 사용해도 된다면, 이런 작고 메마르고 암석투성이인 섬들에서 구현된 창조력의 규모에 놀라게 되며 다르면서도 유사한 창조력의 작용들이 근거리를 사이에 둔 섬들에서 이뤄졌다는 사실에 더더욱 놀라게 된다"[12]라고 쓴다.

다윈에게 갈라파고스 체류는, 나중에 《종의 기원》의 마지막 문장에도 썼듯이, 생명 진화라는 경이와 장엄함의 발견이었으며 단순

11 찰스 다윈, 《비글호 항해기》, 장순근 옮김, 리젬, 2013, 623쪽.

12 한광택, 〈멜빌의 진화론: 변이와 멸종에 관한 묵시록적 비전〉, 《근대영미소설》 제27집 2호, 한국근대영미소설학회, 2020, 40쪽.

한 기원으로부터 너무나 다양하고 경이로운 생명체들이 진화해 왔고 지금도 진화 중이라는 사실을 낙천적으로 예감할 수 있었던 경험이 되었다.[13] 다윈은 종들의 끊임없는 생성 과정에서 중간중간 퇴보와 멸종을 초래할지라도, 결국엔 진화가 생명의 다양성과 풍부함을 증가시킨다고 보았다.

반면 허먼 멜빌이 쓴 〈엔칸타다스, 마법에 걸린 섬들〉의 분위기는 다윈의 것과 사뭇 다르다. 갈라파고스 탐방기이자, 자신의 소설적 상상력과 독특한 존재론적 평가가 실린 그 작품에서 멜빌은 그 섬들을 "마법에 걸린 섬들"이라고 보았다. 하지만 그 마법은 다윈과는 달리 차라리 저주의 마법에 더 가까워 보인다.

멜빌은 마치 기행문 같은 그 작품에서 섬들의 전체적인 외관을 매우 불길하고 을씨년스럽게 묘사한다. "도시 외곽 공터의 곳곳에 쌓여 있는 여러 잿더미"와 "천벌과도 같은 대화재를 겪은 이후 … 세계", "황폐해진 옛 묘지들", 그리고 "폐허로 변해가는 옛 도시들."[14]

갈라파고스 바다거북들에 대한 묘사에서는 멜빌의 그런 생각이 더 도드라진다. 따가운 땡볕 아래서 느릿느릿 움직이고 등껍질엔 오래된 상흔과 이끼 같은 것들이 다닥다닥 들러붙어 있는, 그러면서도 어기차게 생을 이어가고 있는 바다거북들. 그 바다거북들은 마치 거대한 거북 유령을 보는 듯한데, 거북 등에는 생생하게 불타는 글자들로, 죽음을 기억하라고 적혀 있다. 멜빌은 거북이 견뎌온 그토록

13 같은 글, 42-43쪽 참고.

14 같은 글, 44쪽.

"오랜 세월"에서 "시간을 헤아릴 수 없고, 의미를 규정할 수 없는 인내"를 보며 시간의 공격을 막아내는 요새를 본다. 그러한 인내의 의미는 시시포스의 고역과도 같은 무의미로 가득 차 보인다. 무의미한 고역의 지루하고 끝없는 반복.

멜빌은 갈라파고스 거북을 "어리석음"인지 "결단"인지 구분이 모호한, "희망 없는 노고의 기이한 열중"에 사로잡힌 존재로 묘사한다. 멜빌은 바다거북들의 "어리석은 결의"가 역설적으로 위대할 정도여서 마치 "형벌을 내리는, 악의에 찬, 완전히 사악한 마법사의 희생양들"과 다름없다고 해석한다. 또한, "그들에게 내려진 극상의 저주는 내버려진 세계에서 계속 앞으로 직진해서 나아가는 고역스런 충동"이라며 마치 시시포스처럼 저주받은 영겁의 회로에 갇힌 거북의 비극적 운명을 묘사한다.

〈엔칸타다스, 마법에 걸린 섬들〉에 묘사된 자연은 한마디로, 지나칠 정도로 음울하고, 가차 없고, 또 염세적이다. 찰스 다윈도, 허먼 멜빌도, 그리스 철학자 아리스토텔레스의 생명관에서 보이는 어떤 목적론적 의미를 부여하진 않는다. 자연 혹은 우주는 아무런 목적도 갖고 있지 않다. 지구의 모든 풍부한 생명들을 낳는 소위 '어머니 가이아'라고도 불리우는 지구의 자연 전체는 뭇 생명을 낳고, 거듭되는 자연선택과 변이로 새로운 생명들을 낳는다. 다윈에게 그런 과정 전체는 생명의 장엄함의 표식이요, 생명의 아름다움과 다채로움과 풍부함을 낳는 근원으로서 예찬의 대상이지만, 멜빌에겐 전혀 그렇지 않았다.

멜빌은 맹목적인 생사를 거듭하며 순환하는 생명들을 보았고,

새로운 생명들이 태어나 필연적으로 따르게 되는 죽음, 멸종, 절멸이라는 이면을 보았다. 생과 사 가운데 벌어지는 생명들 사이의 폭력도 보았다. 마치 현대의 생물학자 리처드 도킨스Richard Dawkins가 모든 개별 생명체는 이기적 유전자를 실어나르는 매개체라고 본 것처럼, 멜빌은 개개 바다거북의 생존을 향한 고된 노역, 시시포스의 고역과도 같은 살아 있음의 고뇌를 보았다. 가차 없는 자연법칙에 종속된 개별 생명들의 생의 부질없음만이 존재하는 듯이.

허먼 멜빌의 〈엔칸타다스, 마법에 걸린 섬들〉은 쇼펜하우어의 염세주의를 연상케 한다. 욕망들의 무모한 발산, 각축과 투쟁으로 소모되는 삶들. 니체는 생의 허무와 무의미를 참을 수 없어 인간 자신이 의미와 가치의 창조자가 되라며 초인주의를 설파했다. 반면 쇼펜하우어에게 인생이란 휴전 없는 싸움의 연속이며 손에 무기를 든 채 죽게 되어 있는 것이었다. 삶은 고뇌의 연속일 뿐이며, 우리가 고뇌를 없애려 꾸준히 노력해도 얻는 것은 결국 고뇌의 형태를 바꾼 데 지나지 않는다.

따라서 쇼펜하우어에게는 이 세상에 진지하게 대할 만한 것이 없다. 살아가는 일이란 크고 작은 일에 매달려 그저 잠시 존속하는 것일 뿐이다. 허먼 멜빌이 본 갈라파고스 제도의 바다거북들처럼.

나는 멜빌이 1851년에 발표한 《모비 딕》과 1854년에 발표한 〈엔칸타다스, 마법에 걸린 섬들〉 사이의 간극을 생각하며 현기증을 느꼈다. 《모비 딕》이 보여준 세계관과 〈엔칸타다스, 마법에 걸린 섬들〉이 보여준 세계관 사이엔 어떤 간극이 있는 걸까? 〈엔칸타다스, 마법에 걸린 섬들〉에서 보여주었던, 비극적이고 염세적인 세계관은 무엇에 기인한 것일까? 《모비 딕》의 흥행 실패와 좌절로 인해 세상과 삶을 보는 그의 생각이 더욱 부정적인 쪽으로 기울어 버린 것일까? 그가 자신의 소설을 일컬어 "사악한 책"이라고 했던 사실을 어떻게 이해해야 하는 걸까?

울산을 향해 내려가는 기차 안에서도 내 머릿속은 바깥 풍경을 향하고 있는 시선과는 무관하게, 허먼 멜빌과 그의 고래 이야기, 그가 갈라파고스 제도에서 본 바다거북에 대해 쓴 이야기들로 온통 혼란에 빠져 있었다. 나는 《모비 딕》을 다시 읽어야만 할 것이었다. 울산에서 만나는 바다, 깊은 산 속에 있는 선사인들이 고래를 새겨놓은 그 바위를 직접 보면 무언가 깨달음이 찾아올지도 모를 일이었다.

8장 장생포, 귀신고래

울산광역시 장생포.

장생포는 KTX 울산역에서도 시내버스로 동쪽으로 한 시간 이상 걸려 도착하는 바닷가에 위치한다. 1986년 세계포경위원회에서 상업 포경을 전면 금지하기 전까지만 해도 한국 포경산업의 최대 중심지이자 전진기지였다. 일제 강점기엔 서귀포항도 포경항으로 사용되었고 고래 공장이 들어서 있긴 했지만 일제 당시에도 포경산업의 중심은 여기 장생포 인근이었다.

굳이 《모비 딕》에 비유하자면 울산 장생포는 한국의 낸터킷이었다. 낸터킷은 미국 매사추세츠주 동남부의 낚싯바늘처럼 길게 휘어진 케이프 코드, 즉 코드곶에서 남쪽으로 50킬로미터 떨어진 곳에 위치한 바다 위의 작은 섬이다. 인근 뉴베드퍼드와 함께 1800년부터 1840년까지 세계에서 가장 붐비는 포경선 항구였다. 절정기 낸터킷엔 전 세계 포경선 3분의 1이 거기서 출항할 정도였다. 멜빌은 이슈마엘의 입을 빌어 낸터킷을 이렇게 묘사한다.

"이 헐벗은 낸터킷 사람들, 이 바다의 은둔자들이 바다의 개미 언덕에서 기어나와 알렉산더 대왕처럼 대양의 세계를 휩쓸고 정복했다. 세 해적단이 폴란드를 분할했듯 대서양, 태평양, 인도양을 나누어 가졌다. 미국이 멕시코를 텍사스에 더하고 쿠바를 캐나다에 얹거나 말거나, 또 영국이 인도를 침략하여 불타는 깃발을 내걸거나 말거나, 이 지구의 3분의 2는 낸터킷 사람들의 것이다. 바다는 낸터킷의 것이기 때문이다. 황제가 제국을 소유하듯이 낸터킷이 바다를 소유한다."[15]

19세기에 포경산업은 오늘날 정유산업에 버금가는 에너지산업이었고, 막 부상하던 미국 경제의 중심이었다. 미국은 탐욕스럽게 포경산업을 전 세계로 확장해 나갔고, 낸터킷과 뉴베드퍼드는 그런 제국주의적 확장의 최전선에 있었다. 미국 전역에서 일확천금과 아메리칸드림을 이루려는 사람들이 모여들어 도시는 밤낮없이 고래기름을 태우며 번창해 나갔다. 다만 1840년대부터는 무자비한 고래 남획으로 고래 수가 현저하게 줄어들어 포경업은 쇠퇴하기 시작했고, 원유 채굴과 함께 시작된 화석연료 사업의 등장으로 포경업은 본격적으로 쇠락하고 만다. 지금 낸터킷은 이곳 장생포가 그렇듯 멜빌과 고래, 포경 관련 박물관 같은 역사적 기억의 장소로만 남아, 대중들에게 답사와 휴양을 위한 관광명소로 변신했다.

15 Herman Melville, 70쪽.

장생포의 고래박물관과 고래생태체험관 사이에는 금빛으로 칠해진 두 조각상이 있다. 자연학자이자 탐험가였던 미국인 로이 채프먼 앤드루스와, 스티븐 스필버그의 모험 영화로 유명한 영화 〈인디아나 존스〉의 주인공을 조각한 것이다. 영화 주인공의 실제 모델이 로이 앤드루스라는 풍문(?) 덕에 영화의 주인공 조각도 그곳에 있게 된 것이다. 로이 앤드루스는 1923년 몽골 고비사막에서 세계 최초로 공룡알 화석을 발굴한 업적으로 《타임》지 표지모델이 되기도 했다. 인생사도 독특하다. 처음엔 미국 자연사박물관의 바닥을 청소하고 표본을 정리하는 일개 말단 직원으로 경력을 시작했지만, 1934년에는 미국 자연사박물관 관장에 취임하게 된, 말 그대로 입지전적 이력을 쌓은 인물이기도 하다.

생각해 보면 조금 이상한 일이다. 왜 미국도 아닌 이곳 장생포에 그를 기념하는 조각상이 세워진 것일까? 일제 강점기였던 1912년에 그가 이곳 장생포에서 처음으로 한국계 귀신고래의 생태를 연구하여 한국계 귀신고래의 존재를 세계 학계에 알린 인연 때문이다. 그가 장생포를 방문하여 포획한 귀신고래의 표본들은 미국으로 보내졌다. 지금 미국 스미스소니언 박물관에 전시되고 있는 귀신고래가 바로 앤드루스가 1912년 울산에서 채집한 표본이다. 마치 현재 미국 낸터킷에서, 젊은 멜빌이 포경선원이 되어 출항을 기다리며 다녔다는 뱃사람 교회와, 당시 그 교회에서 '멜빌이 앉았던 자리'까지 표시해 기념하고 《모비 딕》 소설에 묘사된 뱃머리 모양의 설교단도 만들어 놓은 것처럼, 로이 앤드루스의 동상은 장생포 포경 역사 한 부분을 증거하며 오늘도 거기에 서 있다.

대형 수염고래인 귀신고래를 선조들은 쇠고래라고 불렀다. 외국에선 그저 회색고래라고 부르기도 하지만, 귀신고래라는 이름으로 더 자주 부른다. 귀신고래는 평균 몸 크기와 길이가 코끼리 서너 마리와 비교될 정도로 큰 대형 고래다. 몸무게도 무려 40톤이 넘는 거구다. 귀신고래는 종종 머리를 수면 밖으로 내밀곤 하는데, 어느 순간 귀신같이 사라진다고 하여 그런 이름이 붙었다고 전해진다. 이름과 달리 귀신고래는 성격이 온순하고 사람이 가까이 다가와도 공격하지 않는다고 알려져 있다. 어떤 책에는 사람들이 귀신고래를 쓰다듬는 사진도 실려 있을 정도다. 그토록 사교성 좋은 성격 때문에 더 손쉽게 사냥의 표적이 되었단 사실이 참으로 아이러니하다. 옛날엔 대서양과 태평양의 아시아 쪽과 아메리카 쪽, 양 해안을 따라 모두 귀신고래들이 살았지만, 대서양 귀신고래는 수백 년 계속된 남획으로 멸종하고 말았다.

로이 채프먼 앤드루스가 1912년에 굳이 울산에까지 찾아왔던 이유는 미국 캘리포니아 인근에 살던 귀신고래들도 지나친 남획으로 당시에 이미 거의 멸종 상태에 빠져버렸기 때문이었다. 지금은 상황이 역전되어, 한때 멸종된 줄 알았던 북아메리카 쪽 태평양 연안에선 귀신고래가 다시 발견되고 있다. 불행히도 동해 연안에선 1960년대 이후 거의 사라져 버렸지만, 최근 러시아 사할린 인근에서 백여 마리가 다시 발견되었다. 한국 국립수산과학원은 동해의 귀신고래 발견에 큰 현상금까지 걸어놓은 상태다. 물론 이렇게 된 이유는 한국을 식민지로 삼은 일본의 포경회사들이 닥치는 대로 귀신고래들을 모두 사냥해 버린 탓이 크다.

귀신고래는 '바다의 농부'라는 별명도 가지고 있다. 큰 덩치가 무색하게도 주로 해저 침전물에 붙어 있는 바다벼룩, 새우 등을 골라 먹는데, 머리로 해저면을 훑는 과정에서 각종 영양 유기물들이 해수와 섞이면서 해양 플랑크톤에게 먹이를 제공한다. 물론 죽어서도 먹이사슬의 최하위 생명들에게 자신의 몸을 내어준다. 먹이사슬의 완벽한 선순환이다.

자연생태계란 원래 그런 곳이고, 또 그래야만 하는 곳이다. 원래 인간도 죽으면 흙으로 돌아가 흙 속의 온갖 미생물들의 먹이로 제공되는 것이었다. 불교를 믿는 몇몇 아시아 지역에서 지금도 이어지고 있는 조장이나 풍장의 관습은, 그렇게 자연에서 받은 만큼 몸을 자연에 되돌려주는 게 마땅하다는 심오한 사고의 발현이라고 할 수 있지 않을까.

나는 장생포 고래박물관 앞에 세워진, 강철로 만든 '제6진양호'라는 이름을 가진 최후의 포경선 보존물을 보았고, 고래박물관 내부 중앙 전시실에 전시된 거대한 고래 뼈 표본을 보았다. 고래박물관 안에는 장생포 일대에서 근대적인 포경의 역사가 어떻게 시작되었고 진행되었는지에 대한 역사 자료들도 전시되어 있었다. 미국 낸터킷 포경산업은 미국의 제국주의적 확장을 상징하지만, 장생포의 포경 역사는 반대로 일본 제국주의 침략의 한 부분으로 시작되었다는 사실을 떠올리면 절로 마음이 씁쓸해진다.

장생포 포경의 역사는 1891년 러시아 황태자 니콜라이 2세가 태평양어업 주식회사를 설립한 것이 시초다. 그 후 러일전쟁에서 일본이 승리하면서 한반도에 있던 포경기지 여러 군데를 접수한다. 한

반도 포경을 독점한 일제의 동양포경주식회사는 울산 장생포, 대흑산도, 어청도, 나중엔 제주 서귀포에도 포경기지를 세웠다. 이들 포경기지 가운데 장생포 기지가 전체 포획량의 60퍼센트 이상을 담당할 만큼 가장 규모가 컸다. 당시 인구 300명밖에 되지 않던 작은 어촌 마을 장생포는 금세 수천 명이 북적거리는 항구로 변했다.

그러나 장생포의 포경업은 철저히 일본을 위한 포경업이었다. 일본 포경회사는 선주와 기관장과 항해사를 모두 일본인들로만 고용했고 포수는 당시 가장 뛰어나다고 소문난 노르웨이인들에게 맡기기도 했지만, 조선인들은 요리나 기타 잔심부름을 도맡은 '도방세'라는 역할이나 고래를 옮기고 해체하는 고된 노역을 담당했을 뿐이었다.

조선인 선원들이 포경 작살을 잡을 수 있었던 건 일본의 패망으로 일본이 장생포를 버리고 떠난 후부터였다. 사실 그 또한 해방 후의 혼란기와 한국전쟁이 남긴 극도의 빈곤 속에서 그저 살아남기 위해 시작한 일이었다. 힘들게 잡아 온 고래고기는 일대 주민들에게 단백질을 공급했고, 여인네들은 짚으로 묶은 고래고기를 대야에 담아 머리에 이고선 이 마을 저 마을로 팔러 다니며 생계를 꾸려야만 했다. 그렇게 시작된 장생포 포경산업은 1986년, 포경업이 전면적으로 금지되는 날까지 장생포 어민들을 먹여 살렸다.

나는 허먼 멜빌이 마치 그 시대의 아르고호 선원들이라도 묘사하듯 낸터킷 사람들의 자부심을 묘사한 장면을 다시 떠올렸다. "육지를 떠난 갈매기가 해 질 녘에는 날개를 접고 파도에 흔들리며 잠들 듯, 낸터킷 사람들은 해가 지면 육지가 보이지 않는 바다에서 돛을 말아 올리고 몸을 누인다. 베개 아래로는 바다코끼리와 고래가 떼를 지어 지나간다."[16]

장생포에선, 지금도 장생포 식당 곳곳에 사진으로 남아 있듯, 1973년에 독도 옆 바다에서 크기가 20미터가 넘고 무게도 45톤에나 되던 참고래를 잡아 돌아오던 순간에야 그런 자부심을 가질 수 있었으리라.

지금 장생포 고래박물관 주변은 '고래문화특구'로 지정되어 있다. 고래박물관, 고래생태체험관, 그리고 1970년대 장생포 마을을 재현해 놓은 '고래문화마을', '장생포 마을 이야기길', '돌고래 유람선' 등 고래와 관련된 시설들이 주변에 모여 있다. 장생포는 오늘날 낸터킷과 뉴베드퍼드가 그렇듯, 과거의 역사를 쓸쓸히 추억하며 장생포 앞바다에서 사라져 버린 한국형 귀신고래가 다시 물을 내뿜으며 출현하길 학수고대하며 기다리고 있다.

---

16 Herman Melville, 71쪽.

9장 전설

울산 지역엔 이런 고래 전설이 전해진다.

"옛날 옛적에 아름다운 처녀가 바닷가에 살고 있었다. 고래 한 마리가 처녀에게 반하여 청년으로 변해 육지로 나왔다. 둘은 관계를 맺어 자식들을 낳았다. 처음에 나온 자식들은 고래였고 그다음에 낳은 자식들은 사람이었다. 고래 자식들은 바다로 돌려보냈다. 아버지가 늙어 돌아가시자 자식들이 식량을 구하러 바다로 나갔는데 가장 잡기 쉬운 것이 고래였다. 어머니가 말했다. '*너희는 단지 너희들과 닮지 않았다는 이유로 형제를 죽였구나!*' 슬픔을 못 이긴 어머니는 그만 죽고 말았다."

10장　허먼 멜빌, 포경선 선원이 되다

1841년 1월, 스물두 살 청년 멜빌은 매사추세츠 페어헤이븐에서 포경선 어커시넷호에 드디어 몸을 실었다. 허먼 멜빌은 왜 다른 직업을 구하는 대신 하필이면 고래를 사냥하는 포경선 선원이 되기로 결심했을까?

가족 생계를 돕기 위해 이런저런 직업을 전전하던 멜빌의 방랑벽과 모험심을 흔들어 깨운 건 한 권의 책이었다. 그 책은 바로 리처드 헨리 데이나의 항해 회고록, 《돛대 앞에서 보낸 2년Two Years Before Mast》이었다. 상선을 타고 보스턴에서 캘리포니아까지를 바닷길로 2년간 항해했던 저자가 본인의 경험을 서술한 책으로 1840년 출간되었다. 그 책을 읽고 난 뒤 멜빌은 자신의 대서양 항해 기억에 더해 그 책의 자극에 이끌려 마침내 뱃사람이 되고자 결심하게 된다.

마침내 멜빌은 1841년, 태평양으로 가는 원양 포경선 어커시넷호의 선원이 되어 이듬해부터 약 2년에 걸쳐 태평양을 항해한다. 후일 멜빌 스스로 고백한 바처럼, 그의 진짜 인생은 그때부터 시작되었다고 할 수 있다. 2년간의 포경선 경험은 한 인간으로서나 작가로서 경험할 수 있고 또 경험해야만 하는, 수많은 것들을 몸소 겪음으로써 깊이 배운 최고의 학교였다. 이슈마엘의 고백은 실은 멜빌 자신의 고백이었으리라. “고래잡이배가 나에게는 예일이고 하버드였다.”

하지만 선원 생활은 멜빌에겐 견디기 어려울 정도로 혹독한 것이었다. 1842년 7월 남태평양 마키저스 제도의 누쿠히바섬에 당도했을 때, 더 이상 참을 수 없었던 그는 포경선을 탈출하고 말았다. 당시 포경선엔 백인 선주나 선장 아래, 국적과 인종이 제각기 다른 하급 선원들이 뒤섞여 있었고, 위계 서열과 인종에 따른 차별과 폭력이 끊이지 않았다. 멜빌이 식인종에게 잡아먹힐 위험을 감수하고 배에서 탈출하는 편을 선택할 정도였으니, 당시 포경선 선상 생활은 우리가 익히 알고 있는 한국의 가혹한 군대 내무반 생활 이상으로 억압과 차별이 극심했던 듯하다. 어릴 때부터 가난의 비참함을 맛보며 사회 밑바닥 일자리를 전전하기도 했던 멜빌은 어커시넷호에서 겪었던 혹독한 경험으로 평생 세상의 불의에 대해 예민하게 반응했다.

불행 중 다행으로, 예상과는 전혀 다르게 누쿠히바섬의 타이피족은 그를 따뜻하게 맞아주었다. 서구 백인들이 비백인인 그 섬의 주민들에게 덧씌운 ‘야만인’, ‘식인종’이라는 악명은 서양 제국주의와 인종적 타자화가 만들어낸 차별적 편견일 뿐이라는 걸 멜빌은 몸소 체험했다.

멜빌은 누쿠히바섬에 그리 오래 머물진 않았다. 그는 호주 포경선에 다시 올랐지만, 타히티섬에서 승조원 폭행 사건에 휘말렸다가

체포되기도 했고 다시 탈출하여 다른 섬에 숨어들기도 했으며, 결국 미국 포경선에 구조되었다가 잠시 미국 해군의 수병이 되기도 했는데, 1844년이 되어서야 다시 미국으로 돌아올 수 있었다.

그러나 누쿠히바섬에서의 경험은 단순히 그 파란만장한 여정의 일환이기만 했던 것은 아니었다. 그때의 경험으로 세상을 보는 그의 시각이 완전히 바뀌게 되었기 때문이다. 멜빌이 《모비 딕》에서 그려 낸 인물들에는 그런 전복적인 시선이 반영돼 있다. 독실한 기독교도인 포경선 선주들의 이중성과 기만. 모든 등장인물 가운데 가장 고귀한 인물로 그려지는, 누쿠히바섬 같은 남태평양의 섬 출신 '야만인' 퀴퀘그. 그런 퀴퀘그를 누구보다 깊이 이해하고 동등한 입장에서 우정을 나누는 화자 이슈마엘. 이와 같은 시선은 멜빌이 선상 생활과 탈출, 항해 경험을 겪으며 스스로 깨우친 만민 평등주의와 민주주의에 대한, 확고한 신념의 소유자였음을 인식하게 한다. 실제로 멜빌은 후에 남북전쟁이 일어났을 때 노예제에 반대하는 입장을 강력하게 견지하기도 했다.

누쿠히바섬 원주민들과 나눈 친교의 경험은 그가 낸 첫 번째 책, 소설 《타이피》의 주제가 되었다. 이국적인 소재를 다룬 덕분일까, 그 책은 초보 작가 멜빌을 스타 작가 반열에 올려놓았다.

바다라는 거대한 학교에서 세상과 인생을 배운 작가로는 허먼 멜빌 외에도 폴란드 출신의 영국 소설가 조지프 콘래드도 빼놓을 수 없을 것이다. 그 역시 선원으로 보낸 약 15년간의 경험을 토대로 《암흑의 핵심》 같은 걸출한 소설들을 썼다. 콘래드는 당시 서구 제국주의 국가들이 아프리카 등지에서 행한 야만적 착취와 침탈을 고발하는 데에 거리낌이 없었다.

사실 멜빌과 콘래드가 생생하게 고발한 19세기는 인간세계에서 서구 제국주의가 절정의 기승을 부릴 때였을 뿐 아니라, 멜빌의 소설이 마치 인류학 보고서처럼 보여주듯, 인간종의 제국주의적 착취가 고래 같은 바다 생물들들을 거의 멸종 상태로까지 내몰던 시대이기도 했다.

멜빌이 포경선을 탔던 그 시기, 미국의 포경산업은 절정기에 이르고 있었다. 포경산업은 17세기 이래 본격적으로 성장하기 시작한 자본주의 경제-기술 시스템의 총아였다. 근대의 과학혁명은 포경산업에도 혁신을 불러일으켰다. 포경 선박 제조 기술, 더 날카롭고 효율적으로 고래를 죽일 수 있는 작살 제조 기술, 저장 기술 등의 발전이 거듭될수록, 각국의 연안 바다의 고래들의 씨를 마르게 했다. 포경산업은 점점 더 먼 바다, 남극까지도 진출해 남극해 부근의 고래들까지 멸종 위기에 처하게 만들어 버렸다. 총과 대포, 강철 선박 등의 테크놀로지는 아프리카와 남미대륙, 아시아 대륙 국가들을 약탈하는 서구 제국주의의 첨병이 되었고, 포경 선박과 작살의 기술혁신은 지구 전 바다에 서식하는 고래들을 무자비하게 남획할 수단을 제공했다. 특히 17세기 이후의 고래사냥은 고래고기를 먹기 위한, 단순히 생존을 위한 수렵이 더 이상 아니었다. 그것은 순수한 비즈니스가 되었고, 19세기 말엔 마치 20세기의 석유산업처럼 전방위적인 산업이 되었다. 석유산업이 원유에서 석유를 만들고 화학적 공정을 거쳐 각종 일상적 생활용품에도 쓰이는 플라스틱 제품을 만들어 내듯, 포경산업 역시 고래의 그 어떤 것도 허투루 낭비하지 않았다. 고래에서 뽑아낸 기름으론 불을 밝혔다. 1740년대 런던에서는 고래기름으로 밝힌 가로등 수가 5,000개에 달했다. 또한 산업혁명이 일어나면서 고래기름은 기계를 돌리기 위한 윤활유로도, 거친 모직을 손질하는 세정제로도 쓰였다. 그리고 비누와 양초, 향수의 재료로도 사용되었다. 고래의 뼈로는 여성들을 위한 코르셋과 우산, 채찍, 낚싯대, 칼자루, 등을 만들었다. 허먼 멜빌이 살던 당시는 한창 자본주의 산업혁명이 진행되던 시대였지만, 전체 에너지원 중에서 동물 에너지가 차지하는 비중이 30퍼센트를 웃돌았다. 도시의 노동자들에게 노동할 에너지를 제공한 소, 돼지 등을 고려하면, 당시 자본주의는 사실상 동물에 의존하고 있었던 것이다.[17]

1840년대에 미국의 포경산업은 세계 최강 반열에 올라 있었다. 이때 태평양에서 조업하는 포경선 가운데 미국 포경선만 해도 700척이 넘었다. 배 한 척이 한 철 동안 잡는 고래 수가 평균 백여 마리, 당시 미국이 태평양에서 한 해에 잡은 고래만 해도 약 30만 마리나 되었다. 마침내 고래 중에서도 가장 덩치가 큰 대왕고래를 비롯하여 향유고래, 수염고래, 참고래 등 대형 고래들의 수가 급격히 감소하기 시작했다. 포경선들은 더더욱 먼 바다로까지 나아가 고래를 사냥하지 않으면 안 될 지경에 이르렀다.

실은 허먼 멜빌조차도 《모비 딕》에서 지나친 고래 남획이 가져올 결과를 숙고하고 있었다. '고래는 작아지는가? 소멸할 것인가?'라는 제목이 붙은 제105장에서 멜빌은 포경산업의 "광범위한 추적

17 남종영, 《동물권력》, 북트리거, 2022, 109-110쪽 참고.

과 무자비한 포획"으로 고래가 바다에서 절멸해 버리지 않을까 하는 우려를 드러낸다.

> "최후의 고래는 마치 최후의 인간처럼 자신의 마지막 파이프를 피운 후에 끝내는 담배연기 속으로 사라져 버리지 않을까…."[18]

멜빌은 당시 런던 인구보다 많았던 일리노이주 들소가 인간의 창으로 절멸 상태에 빠져버린 사태를 언급하면서, 고래 역시 그런 운명에 처할 위험이 있음을 경고하였다. 멜빌은 당시 미국 북서부 해안에서만 해마다 죽인 수염고래 숫자가 13,000마리가 넘는다는 사실을 지적하며 비판한다. 그러나 멜빌은 조심스럽게 고래는 그런 불행한 절멸을 맞지는 않으리라고, 그의 표현에 따르자면 "불명예스러운 종말"로 나아가진 않으리라고 믿는다.

무엇을 근거로 잔혹한 "섬멸전"에도 불구하고 고래가 절멸하지 않으리라는 희망을 피력한 것일까? 멜빌은 고래들은 육지 동물과 달리 넓디넓은 바다에 사는 동물이며, 바다는 모든 육지를 다 합한 것보다도 훨씬 더 넓어서, 설사 인간들이 대양에서 고래를 추적한다고 해도 고래들은 그들의 최후의 보루인 극지의 요새로 숨어서 인간의 추적을 막아낼 수 있다고 믿었다. 따라서 그는 고래가 "개체로서는 소멸할 수밖에 없지만 하나의 종으로서 고래는 불멸의 존재"[19]라

18 Herman Melville, 501쪽.

19 같은 책, 503-504쪽.

고 생각했으며 노아의 홍수 이전, 아담의 창조 이전부터 고래는 존재해 왔다고 강조하면서 "세계가 네덜란드처럼 다시 홍수에 잠겨 쥐들조차 모두 전멸해 버린다 해도 영겁을 사는 고래는 여전히 살아남아서, 적도 해류의 높은 물마루 위로 머리를 높이 들고, 하늘에 반항하듯 물보라를 뿜어댈 것이다"[20]라고 썼다. 마치 소망하듯이.

멜빌로서는 고래가 없는 바다를 상상하기란 불가능했을 뿐 아니라, 그런 사태를 상상하기조차 싫지 않았을까? 인간 이전부터 지구의 진정한 주인이었던 존재, 위풍당당하고 장엄한 자태로 저 무한히 넓은 바다조차 좁은 듯 종횡무진 누비고, 수면으로 솟아올라 무지갯빛 물보라를 뿜어내며 보는 이로 하여금 절로 경외심을 불러일으키는 존재를 더 이상 지구 바다에서 만날 수 없다면 그보다 더 큰 비극이 또 어디 있겠는가? 고래가 없는 바다란 멜빌에겐 더 이상 바다가 아니었을지도 모른다.

멜빌의 추측과 희망이 지나치게 소박했는가? 19세기 중엽 자본주의 산업혁명이 이제 막 개화하기 시작한 시기를 살던 멜빌로서는 자본주의의 끝을 모르는 탐욕, 자본주의 생산 시스템과 결합한 테크놀로지의 강력함까지 인식하기엔 역부족이었는지도 모른다. 또 19세기 초에 약 10억 명이었던 세계 인구가 21세기 초가 되면 80억 명

20 같은 책, 504쪽.

에 이를 정도로 과포화 상태가 되리라는 사실, 인간의 돈벌이와 먹거리를 위해 육지와 바다를 막론하고 지구 자전축이 바뀔 정도로 파헤쳐지리라는 사실, 지하수마저 마르는 지경이 되리라는 사실을, 19세기를 살았던 멜빌이 훤히 내다보긴 어려웠으리라.

국제적으로 상업용 포경산업이 공식적으로 금지된 것은 1986년이었다. 뒤늦은 그런 조치마저 없었더라면, 우리는 오늘날 고래를 바다가 아니라 박물관에 걸린 박제로, 영상이나 사진, 또는 아쿠아리움의 수조에 갇힌 상태로나 겨우 만날 수 있었을지도 모른다.

2020년 10월 10일, 전 세계 40개국 350명 이상의 과학자와 환경운동가들이 고래를 멸종으로부터 보호하기 위한 서한에 서명했다. 그 서한은 "멸종위기를 막으려는 정치적 의지가 부족하다"라며 각국 정부들을 비판하면서 범세계적인 수준에서 고래 보호 조치에 즉각 나서야 한다고 촉구했다. 서한에 따르면 심각한 플라스틱 오염, 서식지와 먹이의 손실, 지구온난화에 따른 바다의 산성화, 선박충돌 등이 고래를 멸종으로 몰아가고 있다. 해당 서한은 특히 인간들이 쳐놓은 어망에 포착돼 목숨을 잃은 고래와 돌고래가 매년 30만 마리에 달한다고 지적하며 현재 "90종의 고래 · 돌고래 중 절반 이상이 보존이 필요한 상태"이고, "이를 위한 조치가 너무 미미하고 늦게 이뤄지고 있다"고 경고했다.

반면 2019년 7월, 일본 정부는 상업 포경을 금지한 국제포경위원회를 탈퇴했고, 다시 상업 포경을 시작했다. 일본은 상업 포경이 금지된 1986년 이후에도 매년 과학 연구라는 명목으로 수백 마리의 고래를 잡아 왔다. 일본의 다이지 마을, 북유럽 덴마크의 자치령인 페로 제도에서는 지금도 매년 수백 마리의 돌고래를 그물로 해안으로 몰아넣은 뒤 잔혹하게 죽이는 고래 축제를 벌인다. 공포에 질려 몸부림치는 돌고래들, 작살로 숨통이 끊어지고 붉은 피를 쏟아내며 죽어가는 돌고래들, 그리고 붉게 피로 물들어가는 바다, 이 모든 잔학행위를 정당화하는 '전통과 문화'라는 끔찍한 이름.

2015년 2월 13일 미국의 NBC 방송이 밝힌 보고서에 따르면, 1986년 상업 포경이 전면 금지되었음에도 20세기 동안에 포경으로 잡힌 고래 수는 290만 마리라고 한다. 본격적인 상업적 포경산업이 시작된 17세기부터 계산한다고 했을 때, 20세기 이전까지 인간들의 사냥으로 희생된 고래의 개체 수는 또 얼마나 될까?

11장 멜빌의 고래학 사전

장생포 해변에 있는 허름한 호텔에 짐을 풀고 무더위에 지친 몸을 잠시 쉬이고 어둠이 깔린 후에 다시 거리로 나왔다. 캄캄한 바다 건너편엔 공장지대에서 켜놓은 불빛들이 깜박이고 있었고, 반면 내가 걸어가는 장생포 쪽은 마치 11월의 밤처럼 인적이 드물고 적막했다. 고래박물관과 고작 50여 미터 떨어진 좁은 도로 쪽으로만 눈길을 돌려도 1970년대 장생포 거리와 건물들, 가게들을 복원시켜 놓은 고래문화마을 분위기가 마치 복제물이 아닌 실제 그대로인 양 느껴질 정도로 허름하고 낡고 퇴락한 가게들만이 눈에 띄었다. 과거의 영광과 부를 뒤로한 채 관광업으로 명맥을 잇는 거리의 쓸쓸함.

난간을 쳐놓은 해변 도로를 따라 걸으니 고래박물관 바로 옆 고래바다여행선 주변에 마치 고래 등뼈를 형상화한 듯한 네온 불빛이 빛나고 있었다. 나는 작은 벤치에 앉아 고래바다여행선과 어둠이 내려앉은 먼바다를 바라보며 상념에 잠겼다. 여행선 옆에 커다랗게 영어로 "whale watching tour"라고 적힌 글자가 눈에 띄었다. 코로나 사태 때문에 운 좋은 날엔 배를 타고 돌고래를 볼 수도 있다는 고래바다여행선도 항구에 발이 묶여 있었다.

굳이 배를 타고 나가 돌고래를 멀찍이서 구경하는 게 무슨 의미가 있을까 하고 잠시 생각해 보기도 하였다. 나는 세계적으로도 고래관찰 관광상품이 유행이라는 사실을 알고 있었다. 미국, 캐나다, 호주, 뉴질랜드, 아이슬란드, 멕시코 등 자국 연안 바다에서 고래가 출현하는 나라는 온통 고래 관련 관광상품을 내놓고 홍보에 열을 올린다. 이 '고래 관찰whale watching' 여행은 수족관 고래쇼가 여러 나라들에서 법으로 금지되면서 떠오른 대안이다. 잔혹한 동물권 침해라는 비판을 받는 수족관 관람 대신 적정한 안전거리를 유지한 채 멀찍이서 이 경이로운 동물을 야생 상태에서 직접 관찰하겠다는 것이다.

보고 싶고, 더 알고 싶기에 더 가까이, 더 깊이 다가가고자 하는 인간의 본래적인 충동을 억제하기란 쉽지 않다. 그걸 앎에의 의지라고 부르든 호기심이라고 부르든 간에 그런 충동은 가장 인간적인 충동에 속하는 것이기도 할 터이다. 나 자신만 하더라도 고래를 향한 짝사랑으로 무수한 동영상과 사진, 텍스트로만 고래를 간접적으로만 접해온지라 멀찍이서라도 고래를 직접 볼 수 있으면 얼마나 좋을까 하는 열망에 시달리곤 했다. 그러나 설명하기 쉽지 않은 여러 가지 이유로 그런 충동을 억제하고 있을 뿐.

미국의 철학자 그레이엄 하먼Graham Harman은 어떤 실재에 관해서라도, 그에 대한 인간의 과학적, 인지적 지식이 아무리 많이 축적되어도 그 실재 자체를 아는 건 아니라고 말했다. 다시 말해, 고래에 관해 인간이 아무리 많은 과학적인 지식을 쌓아 올린다고 해도 그건 고래 자체는 아니라는 것이다. 이는 고래가 아니라 하찮은 조약돌 한 개에 대해서도 마찬가지다. 하먼은 오직 간접적으로만, 즉 미학적 매혹의 방식으로만 실재에 다가갈 수 있다고 주장했다. 미학은 폭력적으로 지배하거나 소유해서 장악하는 방법이 아니다. 그저 대상이 지닌 미적 속성을 향유할 뿐이다. 따라서 한 대상과 맺을 수 있는 최선의 관계는 미학적 관계이지, 이른바 '과학'을 통한 관계는 아닌 셈이다. 어떤 대상과 관계 맺을 때 우리에게 주어진 최선의 매개는 과학도, 수학도, 물리학도 아니고, 기술공학은 더더욱 아니다. 우리가 고래와 맺는 관계에서도 그럴 것이다. 우리에겐 멀찍이 떨어져 고래의 장엄함과 아름다움, 경이에 감탄하고 그 생태를 존중할 권리만 있을 뿐이다. 고래에 대한 온갖 인간 중심적 지식을 쌓아 올리고는 그 지식을 수단 삼아 고래를 포획하고, 작살로 죽음에 이르게 하고, 상품으로 팔아 이윤을 취하는 식의 관계 맺기, 즉 소유와 지배의 관계 맺기는 결코 윤리적인 관계 맺기는 아닐 것이다.

그레이엄 하먼의 생각은 그동안 인간이 다른 비인간 존재들과 맺어온 폭력적이고 지배적인 관계, 즉 인간 중심적인 관계에 대한 강력한 비판 논거를 제공해 준다. 하먼에 따르면 인간, 고래, 장미, 돌멩이, 심지어 허구적 존재인 유니콘이나 창작물 속의 가상인물, 이를테면 춘향조차도 객체적 실재성을 가진 자율적이고 독립적인 존재들이다. 그들 사이엔 어떤 수직적인 위계관계도 없다. 그것들은 이 세계에 존재하고 있다는 점에서 동등하고, 또 어떤 관계 맺기나 접근으로도 그 존재들이 지닌 '블랙박스' 같은 존재성 일체를 결코 알 수 없다.

블랙박스, 그리고 불가지론. 세상에 존재하는 모든 개체 각각이 그 어떤 방법, 접근으로도 결코 완전히는 개봉할 수 없는 블랙박스다. 혹은 모든 개체가, 모든 걸 무한히 빨아들이는 어두운 심연과도 같은 블랙홀을 품고 있다는 생각.

나는 문득 멜빌의 《모비 딕》에 나오는 고래학 사전을 떠올렸다. 허먼 멜빌은 포경선 선원으로서 어쩌면 직접 고래를 눈으로 보고, 손으로 만지고, 죽은 고래 사체를 해체하여 기름을 뽑아내는 등의 경험을 해 보았을지도 모른다. 또 그는 독자들이 《모비 딕》을 읽을 때 느끼게 되듯 당시 고래에 관한 모든 지식을 집대성했다고 할 정도로 고래 연구에도 진심이었다. 나 역시 그 소설을 읽으며 마치 멜빌이 "이 세상에 나보다 더 고래를 잘 아는 사람 있으면 어디 나와 봐!"라고 큰소리치는 듯한 느낌을 받고는 슬며시 웃곤 했다.

도대체 소설에 사전을 끼워놓다니! 정말로, 독자들은 소설 시작 부분에서 나오는 고래의 어원이며, 고래에 관한 온갖 언급들을 두서없이 모아놓은 발췌록을 맞닥뜨리고는 당혹감에 그렇게 외칠 수도 있다. 더욱이 소설을 '흥미로운 이야기'로만 여기는 독자들에겐 더 곤혹스러울 수도 있겠다. 자연스러운 이야기의 호흡과 흐름을 끊어버리는 장황한 고래 박물학의 장들에 인내심의 한계를 시험당하는 듯한 기분을 느낄 수도 있기 때문이다.

실제로 총 135장에 이르는 소설의 장들 가운데 아예 제목부터 '고래학'이라고 붙인 제32장 말고도, 적어도 열다섯 개 이상의 장들을 고래의 뼈대, 고래 그림들, 고래화석, 포경업, 고래의 꼬리와 머리

등등 고래에 관한 온갖 박물학적인 지식에 할애하고 있다. 이 소설이 처음 출간되었을 당시, 멜빌의 기대와는 달리 독자들에게 사실상 외면당하고 비평적 주목 또한 받지 못했던 데는 공연히 소설의 페이지만 늘린 것처럼 보이는, 이런 불필요하게 느껴지는 장광설(?) 탓도 없지는 않아 보인다. 멜빌을 불멸의 작가 반열로 추켜세웠던 소설가 서머싯 몸조차도, 그런 장들이 이야기를 자꾸 옆길로 빠지게 만들어 긴장을 떨어뜨릴 뿐이며, 멜빌이 지식에 필요 이상의 중요성을 부여한, 지식 과시의 유혹에 넘어갔다고 비판했으니 말이다.[21]

서머싯 몸의 지적은 일견 타당한 면이 있다. 하지만 그건 소설이 독자들에게 즐거움을 주어야만 하는 장르라고 믿는 서머싯 몸의 개인적인 소설관에서만 타당한 말일 뿐이다. 소설은 물론 흥미롭고 즐거운 이야기다. 하지만 소설은 이야기 이상의 그 무엇이다. 현대 소설은 객관적인 세계와 실존적 삶, 예술 자체에 대한 심오한 탐구이고, 동시에 한 시대가 갖는 사고의 높이와 한계, 지식과 문화에 대한 탁월한 증언록일 수도 있다.

현대 소설은 20세기 들어 제임스 조이스나 마르셀 프루스트, 헤르만 브로흐, 로베르트 무질 등 위대한 작가들의 미학적인 실험을 거치며 19세기 소설의 편협하고 경직된 플롯과 미학을 벗어던지고 있었다. 이들 작가들은 이야기와 에세이와 사전, 철학과 문학과 역사라는 장르의 경계를 쉽사리 해체하며 넘나들곤 했는데, 멜빌이야말로

21 서머싯 몸, 《불멸의 작가, 위대한 상상력: 서머싯 몸이 뽑은 최고의 작가 10명과 그 작품들》, 권정관 옮김, 개마고원, 2008, 336쪽 참고.

이런 실험을 선구적으로 행하고 있었던 것이다. 멜빌의 작품이 당대에 이해받지 못한 것도 어찌 보면 시대를 너무 앞서간 예술적 실험이 겪게 되는 필연적 운명이 아니었을까 싶다.

고래에 관한 당대의 지식을 집대성하고, 그것을 경이롭고 위대한 바다와 그 바다를 무대로 살아가는 초자연적이며 공포심을 불러일으킬 정도로 불가해한 신비의 존재인 고래와 결합함으로써 어떤 '심오한 소설적 효과'를 자아내고자 한 것이 멜빌의 의도는 아니었을까? 인간 지식의 한계에 대한 겸손한 인정과 이성으로 극복 불가능한, 살아 있는 생명존재의 영원한 타자성을 긍정하는 효과 같은 것.

멜빌의 소설은 한마디로 '고래찬미가'라고 불러도 될 것이다. 그 스스로도 자신이 수행하는 그 "거창한 사업"이 "고래를 찬미하는" 것임을 분명히 하고 있다. 실제로 멜빌은 도서관을 비롯하여 고래에 관한 가능한 한 모든 책과 자료, 지식을 끌어모았다. 또 직접 포경선에 올라 선원 생활까지 몸소 경험한 터라, 아마 스스로 당대 최고의 고래학자라고 자부하는 마음도 없진 않았을 터이다. 직접 목도했던 이 신비롭고 아름다운 존재, 그를 매혹하고 거의 숭배하도록 만든 이 존재에 관해 가능한 한 더 많은 것을, 아니 거의 모든 것을 다 알고자 하는 지적 갈망—지금 나 자신이 그렇듯—에 시달렸을 것이다. 나아가 그런 탐구를 통해, 고래에 대해 자신이 품은 경이감을 그 책을 읽는 모든 이들에게 전염시키길 원했을 것이다.

멜빌이 완성하고 싶었던 '고래학 사전'은 결코 완성될 수도, 완벽해질 수도 없었다. 멜빌이 그 소설을 쓰던 시대로부터 170여 년이 흐른 오늘날 우리가 가지고 있는 고래학과 비교한다면 멜빌의 고래학은 사실 초라하기 짝이 없는 수준이다. 오류도 많이 발견된다. 멜빌은 고래가 어류가 아니라 포유동물이라는 사실을 부정하고 물고기라 주장했고, 그의 고래 분류체계도 과학적이라기보다는 문학적인 것에 더 가깝다(그는 고래의 크기에 따른 분류체계를 제시하는데, 마치 출판업자처럼 2절판 고래, 8절판 고래, 12절판 고래라는 식으로 고래를 책처럼 분류하고 있다).

고래에 관한 지식이 쌓여갈수록, 그 자신이 "도서관을 헤엄쳐 다니고 바다를 항해한 사람"임에도 불구하고, 멜빌은 자신의 고래학이 불완전한 것이 될 수밖에 없고 자신은 그저 후세를 위한 윤곽 그리기밖에 할 수 없다는 사실을 깨달았다. 인간의 언어와 수학 같은 어떤 합리적 지식 분류체계를 동원하여 대상을 객관화하고 수량화하려는 시도도 결국 실패할 수밖에 없다는 것이다.

고래에 관한 당대 지식의 한계를 명확히 하면서 멜빌은 결국 이렇게 썼다.

> "쾰른 대성당이 탑 꼭대기에 기중기를 세워둔 채 미완성으로 남아 있듯이, 나는 나의 고래학 체계도 끝나지 않은 채로 남겨둘 작정이다. 작은 건물은 처음 공사를 맡은 건축가들이 완성할 수 있지만, 장엄한 건축, 진실된 건축물은 그 최후의 마무리를 후대를 위해 남겨두는 법이다. 신이시여, 내가 아무것도 완성하지 않도록 보살펴 주소서! 이 책도 전체가 초고, 아니, 초고의 초고일 뿐이다!"[22]

멜빌 이후 많은 시간이 흐른 오늘날, 이 시대의 고래학은 완성된 것일까? 내가 지금 쓰고 있는 이 글은, 멜빌보다 더 진전되고 완성된 고래학일 수 있을까? 천만에. 멜빌이 쓰기 시작한 고래학 초고는 여전히 초고일 수밖에 없고, 아마도 내 글 역시 영원토록 멜빌의 초고에 덧댄, 그 초고의 여백에 끄적거린 보충 설명, 기껏해야 추가되는 각주들에 불과할 것이다. "나는 고래를 모른다. 앞으로도 영원히 모를 것이다"라고 멜빌이 썼던 것처럼.

남는 것은 해독 불가능한 고대 문자 같은 존재의 신비들.

나는 나 자신에게 되묻는다.

멜빌이 《모비 딕》을 두고 한 권의 "사악한 책"이라고 부른 이유가 이것이었을까? 멜빌은 19세기의 기세등등한 과학주의에 맞서 불가해한 타자들의 절대적 타자성을 옹호하려고 한 것이었을까? 우주에서 유일하게 이성적인 사유의 힘을 가진 인간만이 우주의 객관적 진리에 예외적으로 접근할 수 있고 이를 파악할 수 있다는 인류예외주의적 통념에 맞서고자 했던 것일까?

다시 말해 광기에 사로잡힌 에이허브 선장이 아무리 희디흰 향유고래 모비 딕을 장악하려 애써도 결국 실패하고 마는 것처럼, 타자란 근본적으로 블랙박스나 블랙홀과 같아서 결코 완전하게 파악하거나 접근하는 것이 불가능하다는 이야기를 하고 싶었던 것일까?

어떤 장면에선 멜빌은, 마치 니체적 관점주의처럼 보이는 상징적인 이야기를 여러 군데에 복선처럼 깔아놓은 듯하다.

---

22 Herman Melville, 157쪽.

남태평양 섬의 부족 출신 퀴퀘그의 몸에 새겨진 신비하고 수수께끼 같은 문양이 바로 그런 것이다. 퀴퀘그의 몸에 새겨진 신비한 문신은 그가 살던 섬의 사제들이 새겨넣었다. 이 기묘한 문신에 대해 이야기의 화자인 이슈마엘은 이렇게 평한다. “하늘과 땅의 완전한 이치와 진리에 도달하는 법에 대한 신비주의적 이론을 그의 몸에다 상형문자로 새겨넣었다. 그래서 퀴퀘그라는 인간 자체가 풀어야 할 수수께끼였고, 한 권의 책으로 된 경이로운 작품이었다. 그러나 자신의 수수께끼를 퀴퀘그 자신도 해독할 수가 없었다.”[23]

어느 날 아침 이슈마엘은 에이허브 선장의 고통스러운 외침 소리를 듣는다. 선장이 퀴퀘그에게서 등을 돌리며 이렇게 소리친 것이었다. “아, 인간들을 감질나게 만드는 신들의 악마 같은 장난이여!”[24]

이슈마엘, 아니 이슈마엘을 자신의 분신으로 삼은 작가 허먼 멜빌은 퀴퀘그의 문신, 나아가 퀴퀘그라는 한 존재 자체가 인간으로선 영원히 풀 수 없는 비밀스러운 상형문자 같은 수수께끼를 감추고 있음을 말하고자 하는지도 모른다. 사실 퀴퀘그뿐 아니라, 소설의 진정한 주인공인 향유고래, 모비 딕 자체가 그런 존재이다. 그리고… 바로 에이허브 선장.

나는 앉아 있던 벤치에서 벌떡 일어났다. 캄캄하고 적막한 밤바다와 희미하게 점멸하는 공장지대의 불빛들을 말없이 바라보았다. 멜빌이 왜 “나의 사악한 예술”이라고 말했던가를 조금 더 이해할 수

23 같은 책, 524쪽.

24 같은 책, 같은 쪽.

있게 되었다는 느낌이 나를 사로잡았다. 그것은 지금 내 앞에서 말없이 침묵하며 어둠에 잠겨 있는 검은 바다, 이 쇠락한 항구가 생기기도 전, 육지에 살던 고래의 조상들이 진화를 거슬러 다시 바다로 들어가 마치 물고기처럼 변한 고래가 출현하기도 전부터 이곳에서 출렁이며, 때로는 포효하고 때로는 고요하게 머물러 있는 저 바다, 그것이 내게 암시하는 것과 같은 것일지도 몰랐다.

저 캄캄한 흑색의 바다는, 실은 멜빌이 향유고래 모비 딕이 흰색이라고 표현한 것과 같은 의미의 자장을 지닌 것, 일종의 의미의 공백이나 텅 빔이자 동시에 무한정한 넘침, 과잉이기도 한 것인지 모른다. 마침내 내가 찾던 모비 딕이 마침내 흐릿하게, 어슴푸레한 바다의 안개 너머에서 서서히 수면 밖으로 모습을 드러내기 시작하는 순간에 직면한 듯한 기분이었다. 나는 조금은 흥분된 마음으로, 상념에 잠긴 채 밤바다 곁에서 오래도록 걷고 또 걸었다.

12장 혹등고래의 노래

2023년 6월, 먼 곳에서 슬픈 부고가 들려왔다. 해양생물학자 로저 페인Roger Searle Payne의 사망 소식이었다. 1970년 〈혹등고래의 노래〉라는 논문으로 고래의 언어 소통 능력을 처음으로 세상에 알렸고, 또 혹등고래의 노래를 녹음한 음반도 최초로 발표한 학자였다.

예로부터 북극권 원주민들은 고래의 한 종인 벨루가에 '바다의 카나리아'라는 별명을 붙여주었다. 허먼 멜빌도 어커시넷호의 선원으로 태평양 바다를 누비고 다닐 때, 고래들이 부르는 독특한 노랫소리를 들었을까? 고래의 노래를 들으며 무슨 생각을 했을까? 아쉽게도 《모비 딕》에서 고래에 관한 온갖 문장들을 모아 놓은 〈발췌록〉이나 〈고래학〉 그 어디에서도 고래의 소리나 노래에 관한 이야기는 나타나지 않는다. 성대가 없는 고래가 내는 소리는 수면 아래서만 이루어지는 탓에 수면 밖에선 거의 듣기 어려웠을지도 모를 일이다.

과연 고래도 노래를 부를까? 자신들만의 고유한 언어체계를 가지고 의사소통을 하는 것일까? 그건 지나친 의인화, 즉 인간적 투사가 아닐까? 고래가 진짜 노래를 부른다면 인간뿐만 아니라, 고래 같은 동물들에게도 인간만 가졌다고 믿어 온 '**문화**'라고 부르는 창조적 활동이 가능하다는 말이다. 과연 고래가 문화를 가지는 걸까?

로저 페인은 과학적 연구로 고래가 진짜로 멋진 노래를 부른다는 것을 보여주었다. 그의 음반과 논문은 커다란 파장을 일으켰다. 나아가 상업 포경 반대운동과 해양생태운동이 본격적으로 일어나는 분기점이 되었다.

페인은 혹등고래의 노래를 34분 분량의 LP 음반으로 먼저 발표했다. CRM레코드 레이블 음반에는 솔로 곡과 '세 마리 고래의 여

1970년에 발매된 〈혹등고래의 노래〉 음반 표지.

행'이라는 제목의 트리오 곡, 아련한 정조의 느린 곡, 고음이 돋보이는 곡 등 다섯 곡이 수록됐다. 1960년대 미국을 들끓게 만든 반전, 반체제 문화 운동의 흐름 속에서 〈혹등고래의 노래〉 음반은 '빌보드 200' 차트에까지 올랐다.

당시 《뉴욕타임스》지는 이렇게 리뷰했다고 한다. "동굴 속 소리 같은 이상한 울림은 저음에서 고음으로 느리게 상승하다가, 오보에와 음을 소거한 코넷의 합주처럼 어우러지고, 백파이프의 멜랑콜리한 음색의 고음에서 으스스하게 출렁이는 흐느낌으로 이어진 뒤 침묵 속으로 스러져간다."

〈혹등고래의 노래〉 음반은 지금도 누구나 유튜브에서 찾아 들을 수 있다. 나는 여행을 떠나기 전에도 자주, 그 음반에 실린 고래의 노래를 들으며 심란한 마음을 달래곤 했었다. 로저 페인의 혹등고래 음반은 지나친 남획으로 심각한 멸종위기로 치닫고 있던 고래와 바다, 자연에 대한 각성과 분노를 불러일으켰다.

1971년, 페인은 음반 수익금으로 선구적인 해양생태운동 단체인 '오션 얼라이언스Ocean Alliance'를 출범시켰다. 반핵단체 '그린피스'도 상업 포경 반대 캠페인 '스톱 에이허브Stop Ahab' 프로젝트를 본격화했다.

1972년, 마침내 미국 의회는'해양포유류 보호법'을 제정하였다. 국제포경위원회IWC는 상업 포경 모라토리엄(1982년)과 전면 금지(1986년)를 잇달아 결의했다. 예술가들은 고래 다큐멘터리를 제작하고, 음악가들은 음반 수익금을 환경기금으로 기부하기 시작했다. 지금도 태양계 끝을 향해 항해하고 있는 보이저호에 실린 '골든 디스크' 에도 고래의 노래가 담겼다.

로저 페인은 평생 고래를 연구했고, 책과 논문, 대중 강연 등으로 고래의 대변인으로 활동했다. 고래 소리에 인간 언어와 유사한 문법과 구문규칙이 있다는 페인의 가설은, 오랜 고래 연구 끝에 오늘날엔 사실로 받아들여지고 있다.

2020년에 서로 다른 생물종 간 의사소통을 연구하는 CETI Cetacean Translation Initiative 프로젝트가 시작되었다. 하버드대와 MIT, 옥스퍼드대 인공지능-머신러닝 과학자와 공학자, 언어학자, 다양한 분야의 엔지니어 등이 참여한 그 프로젝트의 한 분과는 고래와 소통하는 것을 목표로 향유고래의 초음파를 번역하는 과제를 수행한다.

고래는 인간의 것과 같은 성대가 없어 입술 사이로 소리를 내지 못한다. 두개골 동공과 연골을 소리통 삼아 폐 속의 공기로 소리를 만들고, 후두의 조리개 같은 틈을 넓히거나 좁혀서 소리의 강약 고저를 조절한다. 시각기관은 거의 발달하지 못한 대신, 눈이 거의 퇴화한 박쥐가 초음파로 공간과 지형지물을 인식하는 것과 같은 방식을 택한 듯하다. 고래도 소리를 활용해 먼 곳에 있는 다른 고래에게 구애 등 의사소통을 하는 것이다. 또 고래마다 '개성' 적인 표현능력을 가졌다는 사실도 알려졌다. 돌고래는 마치 우리가 TV 화면으로 사물을 보는 것처럼 반향정위, 즉 반사되어 돌아오는 소리의 메아리를 통해 사물을 인식할 수도 있다. 소리로 사물을 '만지는 것' 이다.[25]

고래가 정말로 '노래' 를 하는 것일까? 페인에 따르면, 사람이 내

25 에드 용, 《이토록 굉장한 세계》, 양병찬 옮김, 어크로스, 2023, 397쪽 참고.

는 모든 소리가 노래가 아니듯 고래의 모든 소리가 노래는 아니지만, 장시간 특정 패턴을 반복하며 내는 소리는 대화보다는 노래일 가능성이 높다. 페인은 수컷 혹등고래들이 매년 짝짓기 때면 거의 같은 멜로디를 반복한다는 사실을 발견했다. 고래가 부르는 사랑의 세레나데였던 것이다.

로저 페인과 이후 세대의 생물학자들은 동물들도 인간처럼 저마다의 후천적인 '문화'를 갖는다는 사실을 인정하게 되었다.

고래뿐 아니라 새들도 개성적인 노래를 부른다. 시인들은 오랫동안 새의 지저귐을 노래로 비유했다. 오늘날 조류학자들에게 새의 노래는 더 이상 비유가 아니다. 그것을 과학적 사실로 인정한다. 새들의 노래엔 혹등고래의 노래처럼 독창 · 이중창 · 합창, 심지어 모창도 있다. 무엇보다 사람이 말을 배우듯 새도 열심히 배워서 노래한다. 짝을 지키기 위해 이중창을 하는 암수는 음성을 통제하는 뉴런이 동시에 발현되면서 절묘한 주고받기를 하며, 새끼들은 이것을 학습한다. 새의 언어는 아주 복잡하고 구체적이다. 음의 개수 하나하나에 포식자와의 거리, 위협의 수준 등을 담을 정도다. 심지어 새들이 인간처럼 지역 사투리를 쓴다는 사실도 밝혀졌다. 암컷 새들은 각자 거주하는 지역의 방언으로 세레나데를 부르는 수컷 새들을 더 좋아한다는 사실을 알게 된 것이다.

새들이 사투리를 쓴다는 건 후천적인 학습 전달, 즉 문화효과를 뜻하기에 매우 중요하다. 사투리는 특정 지역에서만 통용되는 신호다. 갓 태어난 아기새가 동네 사투리를 알 리 없다. 아기새가 그 지역에서 생존하고 번식하려면 반드시 사투리를 전수받아야 한다. 또 철새보다는 텃새가 한곳에 머무르기 때문에 사투리로 소통할 가능성이 더 크다. 제주도와 거제도, 완도에 사는 휘파람새들은 각기 다른 사투리로 노래한다. 길게 이어지는 소리, 짧게 툭툭 끊어지는 소리, 혹은 중간 정도 음절로 내는 휘파람 소리 등으로. 휘파람 소리 다음에 계속 이어지는 음절들도 지역마다 고유한 특징이 있어, 지역마다 음의 높낮이, 음절의 모양도 달라진다. 숲이 우거진 제주도에는 소프라노가 많지만, 육지에서 드문드문 떨어져 사는 휘파람새는 바리톤의 목소리로 노래한다.

동물 세계에서도 개성적인 감정과 목소리로 자신을 표현하며 서로 의사소통을 한다는 사실은 매우 놀랍게 느껴진다. 하지만 이미 수백 년 전에도 그런 통찰을 보인 사색가가 있었다. 인간 존재와 삶에 관한 한 가장 탁월하고 깊은 사색을 전개해 보였던 위대한 작가 미셸 드 몽테뉴다. 나는 그의 책을 읽을 때마다 그의 유머와 재치, 모든 생명에 대한 존중과 경의에 감동받곤 한다.

몽테뉴는 《수상록Essais》에서 인간이 갖는 오만과 편견, 그리고 어리석음을 질타하면서 인간과 동물의 동등성을 강조한다.

> "[인간은] 자신에게 신과 같은 자질이 있다고 스스로를 추켜세우면서 다른 피조물과 인간을 분리하여, 야만적인 속성은 동료이자 동반자인 동물에게 돌리고, 인간에게

> 어울린다고 생각하는 능력은 인간에게 속한 것으로 돌린다. 인간이 자신의 지능을 총동원하더라도 동물의 비밀과 내면적인 움직임을 어떻게 알겠는가? 어떠한 근거로 어리석음이 동물에게만 속하는 속성이라고 단정할 수 있는가?"[26]

그러면서 몽테뉴는 자신이 아끼던 고양이와 함께 살던 경험을 떠올리며 독자들에게 질문을 던진다. "내가 고양이를 데리고 놀 때, 사실은 고양이가 나를 데리고 노는 것이 아니라고 어떻게 장담할 수 있는가?"

그는 인간이 동물들을 이해하지 못하는 게 인간의 결함이 아닌 동물의 결함 탓이라고 지레 믿어버리는 인간의 자만에 대해서 조롱하듯 비웃는다. "그들과 우리의 의사소통을 가로막고 있는 결함이, 어째서 그들만의 결점이며 우리의 결점은 될 수 없다는 말인가? 인간과 동물이 서로의 말을 이해하지 못하는 것은 여전히 어느 쪽의 잘못 때문이라고 말할 수 없다. 인간도 동물이 인간을 이해하는 정도밖에는 그들을 이해하지 못하고 있지 않은가. 이런 관점에서 보면, 우리가 동물을 야만적이라고 생각하는 것처럼 동물도 인간을 야만적이라고 생각할 수 있다."[27]

몽테뉴는 동물은 자연과 함께 어울려 살아가는 적응력이 인간

26 Michel de Montaigne, *The Complete Works*, everyman's library, 2003, 401쪽.

27 같은 책, 402쪽.

보다 더 뛰어나며, 그들도 인간처럼 상상력과 희망, 욕구와 감정뿐 아니라 훌륭한 지혜와 동정심 같은 도덕 감정이 있음을 강조한다. 그리고 동물은 오직 본능에 따라 살아갈 뿐 인간처럼 이성과 도덕 감정이 없기에 인간이 도덕적으로 더 우월하다는 인간 우월론을 가차 없이 반박한다. "동물과 인간 사이에는 일정한 거래관계가 있고, 상호 이행해야 할 일정한 의무가" 있으며, 따라서 "동물과 인간은 모두 같은 지붕 밑에서 같은 공기를 마시며 살고 있다. 다소 차이는 있어도 동물과 인간에는 영원히 변치 않을 유사성이 있다"는 사실을 우리에게 환기한다. 그리하여 몽테뉴는 인간과 동물은 근본적으로 평등하며, 단지 다소 차이가 있을 뿐이라는 인간-동물 간 동등성을, 즉 오늘날에야 등장하고 있는 동물권에 대한 사유를 선취하고 있다. "인간은 다시 거대한 피조물 집단으로 되돌아가 다른 피조물들과 합류하여 모든 생물에게는 서로 닮은 점이 있다는 것을 깨달아야 한다. 우리는 다른 동물들보다 더 위에 있는 것도 아니며 더 아래에 있는 것도 아니다."[28]

이런 몽테뉴의 통찰이 당시 유럽 사회에 받아들여지진 않았다. 오히려 몽테뉴 이후에 유럽 사회는 인간과 동물 사이에 더 높은 차별의 벽을 쌓고 말았다. 인간은 자유로운 문화적 동물이며, 동물은 본능에 묶인 자연의 노예인 것처럼.

다행히 오늘날 동물과 인간, 자연과 문화 사이에 인간이 그어 놓고 있었던, 견고했던 이분법의 벽은 무너지고 있다. 오늘날 유전학을

28 같은 책, 408쪽.

연구하는 학자들도 유전학 연구로 고래를 비롯한 동물들이 문화를 가졌다는 사실을 증거하고 있다.[29] 벌, 문어, 사슴, 고래에 이르기까지 모든 동물이 유전을 뛰어넘는 모방과 학습의 전달이라는 문화적인 활동을 실행하면서 살아가고 있는 것이다.

자연과 문화는 경계가 분명하게 분리되어 있는 독자적인 두 개의 다른 영역이 아니다. 최근에 철학자들이 분리된 두 영역을 전제하는 자연/문화라는 개념 대신 분리 불가능하게 하나로 얽힌 '**자연문화**natureculture'라는 개념을 쓰게 된 것도 그런 사연 때문이다.

나는 우리가 일상적으로 쓰는 대문자 자연, 즉 사회 외부에 존재한다고 생각하게 만드는 '**자연**Nature'과 '**환경**Environment'이라는 개념에 늘 어떤 불편함을 느껴 왔다. 그런 자연 개념이 가진 이분법적 부정성과 오해 때문에 일부 철학자는 그 개념을 차라리 폐기하자고 제안하기까지 했다.[30]

프랑스의 과학인류학자이자 철학자인 브뤼노 라투르Bruno Latour는 자연 자체가 생물들이 창조한 인공물이라고 주장한다. 그는 이미 1990년대 초부터 《우리는 결코 근대인이었던 적이 없다》 등의 저서를 통해 사회와 자연의 인위적인 이분법적 분리를 비판해 왔었다. 코로나19 사태가 한창이던 2021년, 죽음을 눈앞에 둔 노쇠하고 병든

29 리 듀거킨, 《동물에게도 문화가 있다》, 이한음 옮김, 지호, 2003을 참고하길 바란다. 이 책에선 모방과 학습을 통한 문화적 전달이 모든 동물의 생존과 짝짓기에 영향을 미치며, 동물 세계에서 유전과 문화의 상호작용이 진화과정을 구성했다는 많은 사례를 제공한다.

30 Timothy Morton, *Ecology without Nature*, Harvard University Press, 2007 참고.

몸임에도 불구하고 그는 지구적 전염병 사태에 직면한 인류와 지구적 삶의 의미를 숙고한 《나는 어디에 있는가?》라는 책을 냈다. 그 책에서도 그는 그릇된 이분법의 문제를 다시 환기했다.

흰개미는 흙을 씹어 소화한 후 뱉어낸 재료로 자신의 집을 짓는다. 흰개미집은 흰개미의 확장된 몸이다. 인간의 도시는 흰개미집과 유사하다. 혹은 소라게가 짊어지고 다니는, 소라게 자신과 분리 불가능한 껍질이다. 즉 도시는 "생물 풍화적"이다. 거대한 산의 절벽이 산호들의 무덤으로 이루어진 석회암인 것처럼. 생명과 환경은 분리 불가능한 전체다. "자연은 원래부터 '초록색'이지 않다. 자연은 원래부터 '유기적'이지 않다. 자연은, 시간을 그들의 것으로 남겨둔다는 조건하에, 무엇보다도 먼저 **가공물들과 가공자**artificier들로 구성된다." 마찬가지로 "환경이란 건 전혀 존재하지 않는다. … 환경을 방출한 건 바로 저 개미와 제 수많은 동족"이다.[31]

유기체와 그 주변을 분리하는 경계선은 그어질 수 없다. 유기체 바깥을 의미하는 '환경Environment'이라는 단어는 무의미한 단어다. 땅을 그들에게 유리하게 조성한 건 생명체 자신이다. 생명체들이 개입하고 창조한 대지의 경계는 바로 임계영역이며, 우리는 그 바깥으로 결코 나갈 수 없다.

나아가 라투르는 지구에서 "모든 건 살아 있다"고 강조한다. 그는 살아 있는 인간 대 죽어 있는, 활기 없는 외부 물질계, 환경이라는 이분법을 거부한다.

---

31 브뤼노 라투르, 《나는 어디에 있는가?》, 김예령 옮김, 이음, 2021, 26-27쪽.

> "'**살아 있는**vivant'이란 단지 흰개미집뿐 아니라 개미집에도 역시 해당되는 말이다. 흰개미들이 없다면 그 진흙더미 전체는 그처럼 어떤 풍경 속에 하나의 산처럼 배치되고 세워지지 못했으리라는 의미에서 그러하다."[32]

흰개미집, 카를교, 비버가 짓는 댐, 박테리아가 발산하는 산소 등 이 모든 가공적 특성을 가진 것들도, 흰개미, 건설자, 비버 또는 박테리아가 그것들의 활력elan을 유지시킨다는 조건 아래 '**살아 있다.**' 여기서 '가공적'이란 단어엔 항상 발명과 자유가 개입된다. 라투르는 여기서도 자연/인공 이분법을 부정한다.

> "우리가 마주치는 모든 것, 산, 광물, 우리가 들이마시는 공기, … 푸른 하늘마저도, 결과이자 생산물, … 행위 역량들puissancesd' agir의 가공물인 것이다.
>
> 지구 위에 그야말로 정확하게 '자연적naturel'인 건 아무것도 없다. 그 단어가 어떤 생명체에 의해서도 건드려진 적 없는 상태를 지칭하려 한다면 그렇다."[33]

라투르는 '가공적인/인공적인 것artificial'이란 개념을 도입하여 인공과 자연, 자연과 문화의 단단한 이분법을 붕괴시킨다. 우리가 사는

32 같은 책, 39쪽. 원어 병기와 강조는 인용자.

33 같은 책, 37쪽.

아파트가 인간이란 생물이 가공한 것이라면, 흰개미집 역시 흰개미들이 가공한 가공물들이다. 흰개미들이 지은 놀라운 건축물은, 바로 흰개미들의 문화적 산물이다.[34]

인공과 자연의 분리 구분이 작위적이라면, 이 가공된 세계는 뭐라고 불러야 할까? 위대한 동물학자이자 철학자였던 야콥 폰 윅스퀼Jakob von Uexküll이 만든 '**움벨트(둘레세계)**Umwelt'라는 개념이 가장 훌륭한 대안이 될 수 있지 않을까?

윅스퀼은 1934년에 발표한 《동물들의 세계와 인간의 세계》로 세상에 널리 알려졌다. 보잘것없어 보이는 진드기에서부터 달팽이, 까마귀, 개, 고래, 그리고 인간에 이르기까지, 모든 각각의 생물은 자기 주위에 일종의 의미론적 '거품'을 형성한다. 그 거품은 일종의 주관적인 가치 평가와 의미작용으로 만들어 내는 고유한 세계다. 개미집, 비버의 댐, 바다의 산호초가 만들어 내는 산호초 지대, 그 모든 것이 각각의 움벨트를 형성한다. 살아 있는 자연에는 의미작용을 담지하는 주체들만 존재한다. 움벨트, 즉 '둘레세계'는 유기체가 주관적으로 받아들이는 저마다의 '**의미**'로 충만한 세계다. 하나의 동물 또는 생명체에게 둘레세계는 감각세계와 작용세계의 만남이다. 이런 세계는 자연을 마치 기계나 혹은 의미라고는 완전히 배제된, 죽은 물질들의 세계로 보는 근대의 기계적인 유물론의 세계관과는 완전히 다른 세계다. 윅스퀼의 세계에선 오직 '주체들'밖에 없다. 그 주

34 김운하, 〈우리는 결코 '사회'에서 산 적이 없었다!〉, 《자연문화와 몸》, 몸문화연구소 편저, 헤겔의휴일, 2022를 참고하면 도움이 될 것이다.

체들끼리 복잡하게 연결된 의미작용의 관계를 맺는다.

> "우리의 감각 기관을 지각에 사용되는 것으로, 우리의 운동 기관을 행동에 사용되는 것으로 이해하는 사람은 더 이상 동물들을 단순한 기계적 총체들처럼 여기지 않을 것이다. 오히려 그는 우리의 고유한 신체 안에 있는 우리처럼, 기관들 안에 있는 기술자를 발견할 것이다. 그래서 그는 동물들에게서 사물들만을 보는 것이 아니라 행동과 지각을 그 본질적 활동으로 갖는 주체들을 보게 될 것이다.
>
> 이렇듯 체험된 세계들로 인도하는 문이 열린다. 왜냐하면 주체가 지각하는 모든 것이 그의 지각 세계가 되고, 주체가 행동하는 모든 것이 그의 행동 세계가 되기 때문이다. 행동의 세계와 지각의 세계는 서로 협력하여 닫힌 총체성, 환경, 체험된 세계를 형성한다."[35]

움벨트 세계에서 인간은 인간대로, 모비 딕 고래는 그들대로, 그들 각자의 고유하고 독특한 움벨트에서 살고 있다. 모든 생물들이 저마다의 세계-만들기에 참여하고 있다. 생명계는 그런 무한히 다양한 세계들이 공동으로 연결되고 중첩되며, 때론 경쟁하면서 끊임없이 형성되고 재형성되는 세계다. 이처럼 다양한 세계-만들기의 작업들

---

35 야콥 폰 윅스퀼, 《동물들의 세계와 인간의 세계》, 정지은 옮김, 도서출판b, 2012, 11쪽.

이 공동으로 만들어내는 세계가 바로 '공통세계', 즉 코스모스cosmos라고 불리는 것이다. 이 공통세계로서 코스모스는 근대과학이 19세기에 창안한 개념인 물리적인 단일 우주, 즉 유니버스universe와는 다른 것이다. 우주는 원자라는 물리적 입자들로 축소된 하나의 특정한 세계일 뿐, 거기엔 아무런 의미도 다양성도 없다. 살아 있는 생명들의 세계는 물리적인 우주로 쪼그라든 유니버스의 세계가 아니다. 그것이 밑바탕을 이루는 요소들일지언정, 실제 생물들의 삶의 세계는 코스모스이다. 각 생물들의 '세계-만들기', 즉 둘레세계 창조를 통해 각기 다양하고 복잡한 의미작용으로 충만한 세계인 것이다.

그러나 《모비 딕》의 선장 에이허브는 철저히 자기 자신의 관점만을 타인들과 모비 딕에게 강제한다. 우리는 《모비 딕》에 드러난 멜빌의 사고 속에서, 그가 어떻게 에이허브의 철저한 인간 중심적인 관점과는 다른 관점을 제시하는지를 보게 될 것이다.

고래와 새들의 노래, 윅스퀼의 움벨트 관념은 불가피하게 나를 '**범경험주의**panexperientialism'에 대한 우호적 생각으로 이끈다. 범경험주의란 그것이 물질이든 생물이든 간에, 세상의 모든 존재하는 것들은 각기 나름의 방식으로 세상을 경험한다는 생각이다.

경험한다는 건 물질적인 실체를 전제로 한다. 특정한 공간을 차지하고서 특정한 형태로 조직되어 있는 구체적인 형상. 그것을 통칭하여 '몸'이라고 부른다면, 모든 몸은 경험한다. 메를로퐁티Maurice

Merleau-Ponty의 선구적인 통찰이 말해주듯, 몸이야말로 인간의 언어나 의식 작용 이전에 먼저 작동하는 원초적인 몸-지각의 바탕이다. 그것이 원초적인 몸-경험이다.[36] 원자나 돌멩이 같은 물질도, 불가사리나 해파리, 휘파람새, 고래, 코끼리, 인간 같은 생명체들도 공간을 차지하는 몸을 갖고 있다. 우린 감각적 경험을 얘기하곤 한다. 시각, 청각, 촉각, 후각, 미각의 경험 같은. 그러나 현기증과 메스꺼움이 경험이듯이 허기와 갈증도 경험이다. 쾌락과 고통은 경험이다. 환각과 꿈, 사유, 정서, 기억 그리고 기대도 경험이다.

우리는 모두 타자의 몸들과 상호작용하는 몸으로 겪는 "경험의 장field of experience"에서 살아간다. 경험의 장이란 바로 윅스퀼이 말한 움벨트의 세계다. 다만 움벨트를 넓은 의미로 확장하는 것이다. 윅스퀼이 말한 생물들의 세계뿐 아니라 비유기체의 세계, 무생물들, 즉 바위나 책상, 강과 바다에까지.

범경험주의는 20세기 초에 영국의 수학자이자 철학자인 앨프리드 노스 화이트헤드Alfred North Whitehead가 암시한 것이다. 화이트헤드는 원자에서 동물, 인간에 이르기까지, 모든 '현실적 존재'가 물리적 극과 정신적 극을 가졌다고 주장한다. 화이트헤드에겐 호랑이, 낙타, 곰벌레, 아메바, 심지어 비유기체인 원자에 이르기까지, 우리가 '개체'라고 부를 수 있는 모든 것은 다 '현실적 존재'다. 그는 세상 모든 현실적 존재는 각기 독특한 경험, 즉 가치경험과 느낌feeling을 가진다고 주장한다. 따라서 인간의 경험과 고래의 경험, 돌멩이와 탁

36 심귀연, 《몸과 살의 철학자 메를로-퐁티》, 필로소픽, 2019 참고.

자, 원자의 경험 간에는 어떠한 단절이나 불연속도, 위계도 없다. 다만 무한하게 다수적이며 다양한, 각기 다른 **움벨트들의 민주주의**만 존재할 따름이다. 화이트헤드에 따르면 인간의 정신적인 차원을 포함한 모든 경험조차도, "자연을 구성하고 있는 사건들의 지평 한쪽 끝에 있는 극단적인 하나의 사례"[37]일 뿐이다. 이처럼 매우 급진적으로 보이는 화이트헤드의 범경험주의도 그가 최초로 주장한 것은 아니다. 모든 사물이 동전의 양면처럼 물질과 정신이라는 속성을 가진 것으로 본 스피노자와 라이프니츠의 단자론 속에도 그 맹아가 존재하고 있었던 것이다.

분명한 것은, 윅스퀼이나 라투르, 화이트헤드 같은 사상가들은 공통되고 일관되게 '자연'과 '물질'이라는 것에 관한 기계론의 설명, 즉 인간의 행위와 작용을 기다리는 수동적이고 죽은 물질-자연이라는 관념을 거부하고 있다는 점이다. 오늘날 이산화탄소가 온난화를 일으켜 지구 생태계와 지구의 기후체계를 뒤흔들고 있는 사태를 보라. 이산화탄소에 아무런 생동적인 '활력vitality'이나, 인과적 효과를 미칠 수 있는 능동적인 '행위능력agency'이 없다고 감히 누가 단정할 수 있을까? 인간이 마음만 먹으면 언제든 바로 처치해 버릴 수 있는 무능력한 대상, 입김만 불어도 사라져 버릴 비누 거품 같은 하찮은 존재라고 무시해 버릴 수 있겠는가?

이 순간, 잠시 희망 섞인 즐거운 상상을 해본다. 인류가 세상에 존재하는 무한하게 다양한 움벨트들의 제각기 다른 아름다움과 경

37 알프레드 노스 화이트헤드, 《관념의 모험》, 오영환 옮김, 한길사, 1996, 293쪽.

이를 진심으로 느껴 보려 노력한다면 이 세상은 얼마나 다르게 보일까? 그렇게 된다면 인간이 세상의 주인이자 유일한 의미의 담지자라는 오만, 인간이 **유일한 만물의 척도라는 자만**에서 벗어나, 아름다운 움벨트들의 민주적 공동체를 만들어 나갈 수 있지 않을까? 그러면 아름답고 경이로운 고래의 멸종을 진지하게 염려했던 멜빌도, 지상을 굽어보며 안도의 한숨을 내쉬지 않을까.

로저 페인은 2023년 6월, 죽음을 불과 며칠 남기지 않은 상황에서 마지막 유언 같은 에세이를 《타임》지에 실었다. "인류의 가장 힘든 문제들은 대부분 비인간을 포함한 타자의 목소리를 무시한 데서 생겨났다"라는 사실을 다시 환기하는 글이었다. 현재의 상황이 수월한 해결을 어렵게 만들고 있음에도 그는 "인류가 다른 종을 구하는 일을 우리의 가장 중요한 작업 목록의 맨 위에 둘 수 있을 만큼 충분히 똑똑하고 적응력이 있다는 희망"을 포기하지 않았다. 그는 이렇게 에세이를 마무리했다. "(50년 전 그때처럼) 이제 다시 한번 고래의 목소리에 귀를 기울이고, 최대한의 공감 능력과 창의력을 동원하여 그들을 진정으로 이해할 수 있도록 노력해야 합니다."

로저 페인은 작은 조약돌 하나가 커다란 파문을 그려내듯, 단 한 사람의 노력이 사람들의 마음의 물결에도 적지 않은 파문을 일으킬 수 있음을 보여주었다. 어린 소녀, 그레타 툰베리가 그랬던 것처럼.

13장 반구대 고래 암각화, 공룡의 기억

복날 더위처럼 푹푹 찌는 듯한 날, 나는 장생포를 떠나 울주군 반구대를 찾아 나섰다. 낯선 시골길, 정확한 노선과 경유지도 잘 모른 채로 버스를 탔던 탓에 그만 내려야 할 곳을 지나쳐 엉뚱한 곳에 내려야만 했다. 난감했다. 방향은 맞았지만, 내려야 하는 정류장에선 한참을 지나쳐 버렸던 것이다. 낯선 국도변에서 고민하다 일단 되돌아가는 방향으로 쨍쨍 내리쬐는 햇볕을 벌 받듯이 맞으며 한참을 걷다가 운 좋게도 어느 식당을 발견했다. 그리고 기적처럼, 식당 앞에 택시 한 대가 서 있었다.

"반구대요? 이런, 여긴 반대편인데. 너무 멀리 와버렸네요."

택시 기사는 잠시 생각하다 말했다. "어차피 반구대에서 시작해도 천전리 암각화 쪽으로 나오게 되니, 차라리 천전리 암각화 쪽에서 반구대로 넘어가도 괜찮을 것 같은데요. 반구대 입구에서 다시 울산 나가는 버스도 있을 테고."

다행히 천전리 암각화로 가는 꼬불꼬불한 길이 나 있었고, 친절한 택시는 암각화 근처까지 데려다 주었다. 돌이켜 생각해 보면 길을 잘못 내려 반대 방향에서 들어가게 된 것이 오히려 행운이었다. 그곳에선 뜻밖의 경이로운 마주침이 나를 기다리고 있었던 것이다.

천전리 암각화가 있는 장소에 도착했을 때, 주변엔 사람이라곤 단 한 명도 보이지 않았다. 사방이 침묵 속에서 고요하고 적막했다. 나는 천천히 걸어 암각화 바위 앞으로 나아갔다. 천전리 암각화는 울산 울주군 두동면 천전리의 깊숙한 산속, 대곡천이라고 하는 작은 개울이 구불구불 흐르는 한 어귀에 약간 앞으로 경사져, 자칫 넘어질지도 모를 것 같은 모습으로 서 있는 넓고 큰 바위에 새겨진 암각화를 일컫는다. 높이는 약 3미터, 너비는 약 10미터에 이르는 제법 큰 바위다.

대곡천 주위는 녹색으로 물든 산들이 에워싸고 있다. 오늘날과 같은 도로망이나 여행객을 위해 만든 길들이 없는 옛날이라면 심산유곡처럼 느껴질 만한 분위기의 깊은 계곡이다. 대곡천은 높고 먼 산 어딘가에서부터 흘러 내려오는 물길일 터이다. 이 대곡천은, 그곳에선 제법 멀기도 한 울산을 가로지르며 흐르는 태화강의 상류를 형성하고 있기도 하다. 대곡천이 흐르는 계곡 주변, 대곡천 상류에서 하류에 이르는 계곡 주변은 역사적인 장소가 많은 곳이었다. 상류엔 원효대사가 머물던 반고사 터가 있고 조금 아래쪽엔 청동기시대로까지 거슬러 올라가는 천전리 암각화가 있다. 그리고 거기서 조금 떨어진 곳에 바로 반구대와, 그 반구대에 기원전 7,000년 전후 신석기인들이 새겨넣은 고래 암각화들이 있는 것이다.

반구대는 울주군 언양읍 대곡리, 대곡천 하류에 자리 잡고 있다.

천전리 암각화 맞은 편에서 보이는 풍경. 필자 촬영.

대곡천을 따라 내려가다 보면 갑자기 아름다운 바위 절벽이 나타난다. 그것이 바로 반구대다. 주변엔 반구서원과 정몽주를 기려 만든 포은대가 보인다. 반구대엔 그 유명한 신석기시대 선사인들이 새긴 고래 암각화도 있지만, 그곳은 또한 고려 말기의 충신인 정몽주의 유배지이기도 했는데 포은대가 바로 그걸 기리는 장소였다. 그보다 후대, 조선의 시인 묵객들이 공부하던 서원 같은 유적도 근처에 있다. 놀랍게도 나는 그날 직접 마주치기 전까진 아무런 정보도 없었던 무언가도 거기서 만날 수 있었다.

천전리 암각화는 지금은 국보로 지정될 정도로 중요한 역사적 유물이지만, 학계에서 처음으로 그것을 발견한 것은 1970년에 이르러서다. 천전리 주변 연화산에 있었다는 신라의 고찰 반고사 터를 탐사하던 중에 우연히 발견되었다. 반고사는 《삼국유사》에도 등장하는 사찰로, 7세기 중반경 고승 원효대사가 머물렀던 절이다.

바위엔 청동기시대부터 신라 초기까지 이르는 시기에 새겨진 걸로 보이는 온갖 수수께끼 같은 문양들, 그리고 특히 신라 초기에 새겨진 한문 글귀들이 금석문 형태로 음각되어 있다. 고대 선사인들은 원형, 다이아몬드형, 굽이치는 산세를 형상화한 것, 암수 한 쌍의 동물들 등을 거기에 새겨넣었는데, 그것이 상징하는 바는 아직 명확하게 밝혀지진 않았다고 한다.

천전리 암각화 바위는 돌로 만든 역사책이었다. 거기엔 청동기인들의 기록뿐 아니라 초기 신라의 중요한 사료들까지 문장으로 새겨져 있기 때문이다. 경주의 화랑들은 심신 수련을 위해 자주 경주에서 제법 먼 이곳으로 달려왔고, 바위에 자신들의 흔적을 남겼다. 더 놀라운 것은 6세기 초중반 신라 왕실 가문의 사랑과 결혼, 죽음과 왕위 계승에 대한 내밀한 이야기가 은폐된 형태로 기록되어 있다는 사실이다. 신라 왕국을 크게 부흥시킨 진흥왕의 아버지인 갈문왕과 그 누이가 거기에 다녀갔다는 기록뿐 아니라, 더 나중에 이른 나이에 죽고 만 갈문왕의 부인과—함께 처음 이곳을 찾았던 그 누이가 아닌—그의 아들이 다시 그곳을 찾았다는 기록도 남아 있는 것이다.

그러나 그날 나를 진정으로 충격에 빠뜨린 건, 암각화 바위에 기록된 누천년에 이르는 긴 시간에 걸친 인간의 흔적이 아니었다. 수천 년간 바위에 자신들의 소망과 편력을 새겼던 인간들은 모두 스러지고 흔적만 남았지만, 그 바위는 아마도 수만 년 혹은 수십만 년 이상을 바로 그 자리에서, 미동도 없이 묵묵히 깊은 산 속의 계곡에 자리한 채, 그 모든 풍상의 세월을 지켜보고 있었을 것이었다.

나는 망연히 선 채로 천전리 암각화 바위를 바라보며 이런저런 상념에 잠겼다 걸음을 옮기기 시작했다. 개울을 건너 반구대 암각화가 있는 좁은 산길을 오르기 위해서였다. 그러다 산길 입구에서 또 다른 팻말을 발견했다. 암각화가 있는 바위와 계곡물 바로 맞은편에 있는 평평한 바위 지대가 공룡 발자국들이 새겨진 장소라는 것을 알려주는 팻말이었다.

나는 놀라운 마음에 다시 방향을 틀어 계곡 쪽으로 내려가 평평하고 너른 바위 지대로 옮겨갔다. 과연, 거기엔 곳곳에 물웅덩이들이 있었다. 넓이가 내 머리통만 한 웅덩이들이 움푹움푹 팬 채 바위 여기저기에 흩어져 있었다. 만일 누군가가 그 물웅덩이처럼 보이는 팬 자국들이 바로 공룡들이 밟고 지나다닌 자국이라고 가르쳐 주지 않았다면, 그것이 공룡들이 지나다니던 길의 흔적인 줄 어떻게 알 수 있었을까! 그토록 단단한 바위층이, 공룡들이 그곳을 활개 치며 지나다니던 때만 하더라도 바위가 아닌 부드럽고 습기에 젖은 흙으로 된 뻘밭이란 사실을 우리가 어떻게 알 수 있을까! 하긴 나무나 식물이 돌로 굳은 규화목도 있지 않은가? 공룡 화석도 지금은 돌이지만, 한때는 살아 움직이던 생명의 뼈와 살이었지 않은가?

회오리가 휘몰아치듯 생각과 상상이 어지럽게 뒤섞이며 현재의 시간에서 과거의 시간으로 맹렬히 거슬러 올라갔다. 너무나 간극이 큰 시간들이 내면에서 두서없이, 혼잡스럽게 소용돌이치는 바람에 약간의 현기증이 일었다. 나도 모르게 긴 한숨을 내쉬며 바위에 털썩 주저앉았다. 그러고는 운동화와 양말까지 다 벗고 공룡 발자국처럼 보이는 움푹 팬 자국에 발을 내밀어 디뎌보았다. 이윽고 눈을 감았다. 주변은 너무나 고요했고, 가끔 새소리만 메아리처럼 울려퍼지고 있었다. 눈을 감은 채, 이 계곡 주변을 오고 갔던 모든 존재들의 삶과 죽음을, 그들의 모습을 상상하려 애써 보았다.

내가 지금 발을 딛고 있는 바로 이 자리를, 과연 어떤 공룡이 그 거대한 발을 내딛고 지나갔을까?

고작 수십 년을 살았을 뿐인 존재가 수천 년, 수만 년, 수백 수천만 년 이상을 거슬러 올라가 그 시대를 산 생명들의 형상을 구체적으로 상상해 내기란 마치 지나가는 바람을 손으로 잡으려는 것처럼 허허롭기 짝이 없는 일이 아닌가? 영혼에 육박해 들어오는 거대한 시간의 무게는 감당하기 어려운 것이었다.

거대한 공룡들이, 고래처럼 거대한 몸집을 가진 공룡들이 어쩌면 적어도 7000만 년보다 더 오래일 세월 동안 이곳을 그들의 생활 서식지로 삼아 살고 죽고 했으리라. 7000만 년, 1억 년이라는 아득한 시간의 단위들이 내 머릿속을 뱅글뱅글 돌았다.

공룡들이 활개 치며 여기 이 자리를 오가던 때, 그땐 고래도, 원숭이도, 인간도 존재하지 않았다. 호모 사피엔스, 호모 에렉투스, 오스트랄로피테쿠스도 출현하지 않았다. 약 5000만 년 전, 고래 종이 바다로 뛰어들기 전, 육지를 서성이던 고래의 조상 파키케투스조차 출현하지 않았다. 어쩌면, 내가 있는 곳 맞은편, 천전리 암각화가 새겨진 저 큰 바위조차도 그때엔 존재하지 않았을지도 모른다. 울산과 울주 전체의 지형도 지금과는 너무나 달랐을 것이다.

인간 이전, 호모 사피엔스 이전, 호미니드 종의 출현 이전에 세계가 있었고, 지금과는 전혀 다른 종의 생명들이 대지를 활보했었다.

6500만 년 전, 하나의 거대한 운석이 지구로 돌진하기 전까지 약 1억 5000만 년 동안은 공룡의 시대였던 것이다.

고작 20만 년 전에야, 호모 사피엔스라는 영장류가 출현했다.

약 1만 년 전, 신석기인이라 불리는 호모 사피엔스가 공룡들이 발자국을 남겼던 이 계곡의 한 바위에 고래들의 형상을 새겨넣었다.

그 어떤 언어로도 표현하기 어려운 기묘한, 경이와 약간의 비애에 허망함까지 뒤섞인 복잡한 심정에 사로잡혀 한동안 아무 생각도 할 수 없었다. 그저 망연히 바위와 개울과 산, 그리고 구름이 한가롭게 둥둥 떠다니는 하늘만을 바라볼 뿐이었다.

이윽고, 혀를 달싹거리지 않았는데도 머릿속에서 하찮음, 가소로움, 덧없음이라는 단어들이 마구 솟아났다. 허먼 멜빌이 처음 갈라파고스 제도에 발을 내디뎠을 때 직면했던 그 황량한 적막감, 끝없이 펼쳐진 망망대해를 바라보며 느꼈을 허망함과 인간 존재의 덧없음에 대한 감각, 그리고 무엇보다 갈라파고스 제도의 바다거북들에게서 느꼈던 씁쓸한 절멸감의 충격이 무언지 알 것만 같았다.

무한히 펼쳐진 바다가 증거하는 압도적인 시간의 무게 앞에서, 전전긍긍 생을 이어가는 바다거북의 버거운 싸움이 보여주는 무의미한 반복. 삶과 죽음의 영구적 순환 속에 갇힌 생명들의 악전고투.

끊어지지 않고 무한히 계속되는 것은 생명의지 자체이지만, 그것은 개별 생명체의 운명 따위엔 관심이 없다. 진정으로 살아 있는 것은 지구-가이아 자체이고, 그것이 내장한 생명력 자체일 뿐, 그것이 생성하고 변화하는 가운데 모든 것들은 또 얼마나 쉽사리 파멸과 죽음, 멸종의 운명에 처하는가.

호모 사피엔스라 자처하는 인간종의 역사조차도 지구-가이아의 도저한 생명력이 우발적으로 빚어낸 무수한 진화적 작품들 가운데 아주 작은 하나일 뿐, 지구 자체가 파멸하는 그날까지 지속될 지구 진화사의 궁극적인 목적지도, 최후도 아닌, 진행 중이기에 지나가 버리게 될 한 짧은 지속에 불과하지 않은가? 지금 내가 딛고 선 바위로 굳어진, 오래전 멸종한 공룡의 흔적만 하더라도 그 사실을 생생하게 증거해 주지 않는가.

40억 년이 넘는 지구-가이아의 전체 역사와 호모 사피엔스 종의 출현, 그리고 문명들과 왕국들의 출현과 패망, 땅과 재물을 향한 끝없는 전쟁과 학살, 착취, 영광과 추락, 굴욕으로 점철된 역사시대의 무수한 페이지들.

순간, 인간사의 모든 것이 하찮고 가소롭게 느껴졌다.

경이와 허무의 양가적인 감정이 내 온몸을 휘감아 버린 바람에 그 자리에서 발을 딛고 일어설 힘조차 사라져 버린 기분이었다. 오랫동안 아연실색한 채로 그 자리에 붙박여 있다 문득 들려오는 인기척 소리에 그제야 정신이 후드득 깨어났다. 반대편 암각화 자리에 몇 명의 여행객이 바위 앞에 서서 저들끼리 웃고 떠드는 모습이 보였다. 나는 타임머신을 타고 인간 이전의 세계를 방문했다가 졸지에 느닷없이 다시 현재의 시간으로 내쳐진 기분이 들었다.

나는 천천히, 마지못한 몸짓으로 몸을 일으켰고, 고개를 자꾸만 뒤로 돌려 되돌아보면서도, 반구대 암각화 쪽으로 향해 나 있는 좁은 오르막 산길을 향해 걸음을 옮겼다.

14장 암각화의 모비 딕

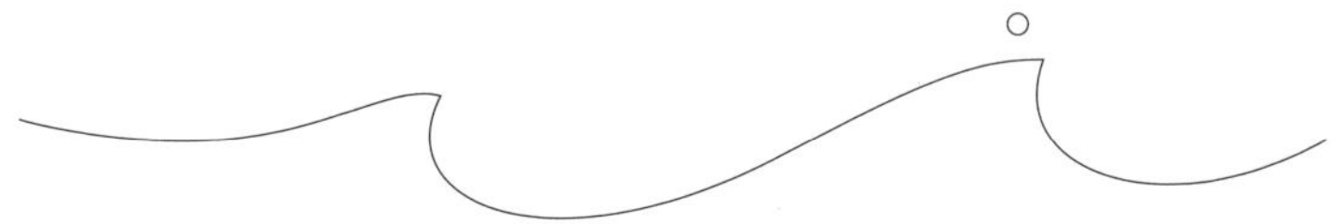

반구대 암각화가 있는 울주군 대곡리 대곡천 주변은 역사적으로 아주 매력적인 장소다. 오래전 선사시대부터 최근 시기까지 여러 지층들을 한꺼번에 펼쳐 놓은 것처럼, 바위들에 여러 역사적 시기의 흔적과 유적들이 풍성하게 남아 있기 때문이다.

반구대 암각화는 워낙 유명한 유적이라 관광객들을 끌어들이고 있지만, 막상 현장에 가면 실망감을 느낄 수도 있다. 암각화가 새겨진 바위는 대곡천이 가로막고 있는 탓에 건너편에서 맨눈으로 볼 땐 그 흔적들이 너무 희미해 그냥 평범한 바위처럼 보이기 십상이다. 망원경으로 봐야 고래 형상이나 자세한 무늬를 겨우 살펴볼 수 있다.

천전리 암각화가 있는 장소에서 좁은 산길을 따라 올라가는 여기저기에 공룡 발자국들이 있었다. 놀라운 건 최근에 반구대 암각화 아래쪽에서도 공룡 발자국들이 발견되고 있다는 사실이다. 나는 앞서 들렀던 천전리 암각화가 있는 장소에서 겪었던 사건의 충격이 너무 컸던지라, 멀리서 반구대 암각화를 바라보는 순간엔 오히려 담담

했다. 바로 눈앞에서 보지 못하고 멀찍이 떨어진 상태로 망원경을 통해서만 겨우 고래 암각화들을 살펴볼 수 있었던 탓인지도 모른다. 감각적 경험과 추상적 경험 사이의 차이 같은 것.

다행히 그리 멀리 떨어지지 않은 곳에 있는 암각화 박물관에서 더 많은 정보와 자료를 접할 수 있어 암각화를 입체적으로 이해할 수 있었다.

반구대 암각화엔 7,000여 년 전에 살았던 신석기인들이 새겨넣은 60개가 넘는 고래 그림들과 호랑이, 표범, 사슴, 소 같은 수렵 대상 동물의 그림이 있다. 진정으로 놀라운 건, 고래들에 대한 세밀한 묘사다. 새끼를 등에 업고 있는 귀신고래, 범고래, 혹등고래까지, 선사인들은 각 고래종의 다른 특성을 정확하게 이해하고 그것을 묘사해 놓았던 것이다.

더욱이 거기엔, 고래사냥에 대한 내용도 포함되어 있다. 아마도 통나무로 만들었을 고래잡이배와 거기에 올라탄 고래잡이 사냥꾼들, 그물, 작살과 작살을 맞은 고래 같은 내용까지 성실하게 묘사되었다. 더불어 깃털을 온몸에 장식하고 굿을 하는 사람과 그 곁에서 기도하는 사람들의 모습도 묘사되고 있어, 암각화 전체로 보면 제법 오랜 시기 동안 각기 다른 시기에 마치 왕조실록을 기록하듯 '부족실록'을 써놓은 것처럼 보인다.

반구대 암각화에 그런 작품들을 새겨놓은 이 놀라운 고래사냥꾼 부족 사람들은 어떤 사람들이었을까? 얼마나 많은 수의 부족원을 가진 부족이었을까? 그 부족은 언제까지 지속되었을까?

무엇보다 19세기 중반에도 피쿼드호 같은 전문적이고 기술적으로 높은 수준의 대형 포경선조차도 전복시킬 수 있을 정도로 크고 강력한 고래를, 변변찮은 나무 뗏목에 올라타 사냥했다는 사실이 잘 믿기지 않았다. 나는 신석기시대의 피쿼드호와 사냥꾼들, 그들이 사냥에 사용한 무기들이 너무도 궁금했다. 다행히 암각화 박물관에서 중요한 유물을 찾아낼 수 있었다. 2010년 울산의 신석기시대 유물층에서 고래 뼈가 발견되었다. 척추와 견갑골 등에 사슴 뼈를 갈아 만든 작살촉들이 박혀 있는 뼈였다. 수천 년의 세월을 건너뛰어 가시적인 물질 형태로 만나게 된 고래사냥의 흔적.

부채꼴 모양의 고래 견갑골에 박힌 작은 작살촉이라는 화석 자료를, 나는 뚫어지게 보고 또 보았다. 저 고래를 향해 온몸을 솟구쳐 작살을 던졌던, 강건한 육체를 가진 한 인간의 모습을 상상해 보려 애썼다. 거칠고 억센 주먹, 단단한 어깨와 엉덩이, 형형한 눈빛이 살아 숨 쉬는 한 육체를.

그는 과연 성공한 것일까, 아니면 끝내 고래를 죽여 뭍으로 끌어올리지 못했거나 혹은 그 자신과 자기가 타고 온 뗏목 포경선까지 고래의 공격으로 죽음에 이르고 말았을까?

그들은 분명, 역사학자들도 그렇게 말하고 있듯이, 세계 최초의 고래사냥꾼들이라고 할 것이다. 최초의 포경선과 포경꾼들. 그 시대에도 에이허브 선장처럼 분노한, 고래에게 부상을 당한 원한으로 광기 어린 복수심에 불타올라 사슴뿔을 갈아 만든 작살을 부여잡고는 목숨을 걸고 고래를 향해 달려든 누군가가 있었을까? 자신의 아버지나 형제 혹은 자식들 중 누군가에 대한 복수를 다짐하며 고래사냥에 나선 울분에 찬 고래잡이가?

정녕 내가 본 것은, 바위에 새겨진, 역사상 최초의 '모비 딕'이었으리라.

나는 인간과 고래 사이의 기나긴 역사, 수천 년에 걸친 시간을 생각해 보았다.

해변에 죽은 채로 밀려온 고래를 신의 선물처럼 양식으로 삼을 수 있을 뿐, 고래를 사냥한다는 상상조차 할 수 없던 기나긴 세월이 있었으리라.

수많은 민족의 고래 신화가 말해주듯, 고래는 신이나 범접하기 힘든 신성한 괴물로 숭배되고 부족의 토템으로 수용되던 그때엔 고래뿐 아니라 자연세계 모든 것에 영혼이나 정령이 살고 있었고, 인간은 그런 무수한 영혼으로 이루어진 자연 생명계의 아주 작은 일부분이었을 것이다.

석기로 통나무의 속을 힘겹게 파내 통나무배를 만들고, 사슴 뼈를 갈고 또 갈아 뾰족한 작살을 만들었던, 석기시대 최초의 고래사냥꾼들이 있었다.

그리고 청동기시대, 철기시대를 지나고, 마침내 증기기관이 만들어져, 허먼 멜빌이 소설 《모비 딕》을 써낼 정도로 포경업이 거대한 산업으로 성장하는 시대가 열린다. 고래들이 참혹한 수난을 당하고 몇몇 고래종은 심각한 멸종위기에 내몰리기 시작하는 시대.

1986년, 고래들이 자칫 멸종할 수도 있다는 위기감에 상업 포경이 금지된 해 무렵의 포경선은 더 이상 어떤 고래도 포경선과 충돌하여 배를 파괴할 수 없을 정도로 단단한 강철로 만들어졌다. 역시 강철로 만들어진 포경 작살도 마치 대포알처럼 날아가 고래의 살 깊숙이 파고들어 고래에게 치명적인 죽음을 안겨줄 것이었다.

고래와 인간 사이의 역학 관계가 역전된 건 고작 지난 몇백 년 사이에 일어난 일이었다. 우리가 소위 '근대'라고 부르는 자본주의의 출현과 함께.

인간세계엔 이제 고래 신화 대신 기술과 과학의 신화가 스며들었다. 호모 사피엔스 종의 기술성technicity은 자연을 정복할 힘을 부여해 주었고, 무소불위의 힘을 손에 넣은 인간은 스스로를 '작은 신'으로 숭배하며, 이젠 좁은 지구를 넘어 우주로 향해 나아가고 있다. 21세기에 모비 딕은 지구 바깥에 있고, 에이허브들은 우주라는 바다를 항해하려 하고 있다.

16세기 영국의 철학자 프랜시스 베이컨은 《학문의 존엄에 관하여》라는 책에서 자신감에 차서 이렇게 썼다.

"*자연의 모든 자식들을 포획해서 노예로 만들어 인간의 이익에 봉사하도록 해야 한다.*" [38]

오늘날, 우리는 진정으로 그런 시대에 살고 있다.

우리는 이 시대를 지질학적으로 인류세라고 부르기 시작했다.

인류세란, 인간종이 오직 자신의 이익을 위해 폭력적으로 지구

---

38 Francis Bacon, "The Advancement of Learning", *Francis Bacon Works, Vol. 3*, Cambridge University Press, 2011, 331쪽.

생태계에 나쁜 방향으로 작용을 가한 결과 지구의 평균기온을 상승시키고, 지구의 생물다양성을 파괴하고 교란하여 궁극적으로 자기 자신까지 위기에 처하게 된 시대를 일컫는다.

한마디로, 여섯 번째 대멸종이 시작된 시대.

내 생각에 인류세는 근본적으로, 근래 철학자들이 '상관주의correlationalism'라고 부르는 인간의 정신적 태도에 따른 필연적 결과다. 그것은 한마디로, 프랜시스 베이컨의 말과 같은 정신과 태도를 일컫는다. 상관주의란 **세상 모든 존재와 사물들을 오직 인간종에 대한 어떤 것**으로서만 대하는 정신이다. 인간의 관점과 이익만을 앞세우는 태도, 자기 중심적 태도.

인간에 대한 향유고래는 거실과 가로등을 밝힐 기름이고 여인들의 향수를 위한 용연향이다. 인간에 대한 바다는 인간에게 식량 획득과 취미 낚시를 위한 사냥터이고 물놀이를 위한 휴양지다. 인간에 대한 대지는 부동산 투기와 농업과 가축 사육을 위한 사업장이다.

상관주의는 인간을 제외한 비인간 세계 일체를 오직 인간을 위한 자원, 도구, 인간이 의미를 부여하지 않는 한 그 자체로는 아무런 의미도 존재 가치도 없는 죽은 물질들의 세계로 간주한다. 개나 고양이든, 소나 말이든, 고래든 간에.

그러므로 상관주의는 인간 중심주의의 또다른 이름이다.

인간 중심주의는 마치 태양이 태양계에 속한 수성, 금성, 지구,

화성, 목성, 토성, 천왕성, 해왕성 등 모든 행성의 중심이고 그 모든 행성들이 오직 태양의 중력과 에너지에 묶여 의존하듯이, 지구와 지구의 만물이 인간이란 종의 목적을 위해 수단으로 존재하는 것처럼 생각하는 태도다.

인간 중심주의와 상관주의는 인간의 사유 능력이 마치 우주 전체와 맞먹을 수 있는 힘인 양 믿는다. 철학자들이 항상 인간 사유에 **대한** 존재를 사유의 중심 논제로 놓을 때 일어나는 일들이 바로 그런 사태다.

만일 내가 밟고 서 있던 공룡 발자국 화석 바위에 잠깐이라도 발을 딛고 서 본다면, 그런 부족주의적 사고가 얼마나 유아적인 과대망상인지 금세 깨닫게 될 것이다. 인간 이전에도, 언젠가 도래할 인간 멸종 이후에도, 우주는 마치 아무 일도 일어나지 않았다는 듯이 제 갈 길을 가고 있다.

6500만 년 전, 공룡들도 그들 공룡 중심적으로 세상을 상상하다 우주에서 돌진해 온 소행성 한 개로 불에 타 재가 되거나, 돌로 굳어 화석이 되었을 것이라고 나는 확신한다.

나르시시즘—인간이라는 동물의 고질병. 저주받은 나르키소스는 타자가 아니라, 샘물에 비친 자기 모습에 반해 사랑에 빠진다. 나르키소스에게 이 세계는 자신의 분신이거나 거울에 비친 자기 자신에 불과하다. 그는 자기 자신인 이 세계를 너무나 사랑한다. 그러나 또한 영원히 분리되어 있기에, 결코 합치될 수 없다는 불가능성에 고통을 당한다. 나르키소스의 사랑의 완성은 곧 자기의 죽음이다.

자기애의 종말은 죽음이다.

철학자 에마뉘엘 레비나스Emmanuel Lévinas는 인간을 자기애의 십자가에 못 박힌 자라고 불렀다.

인간 중심주의는 자기애의 십자가를 짊어진 시시포스의 고통이다.

15장 악어의 눈

1985년 2월, 호주의 생태학자 발 플럼우드Val Plumwood는 호주 북부 안헴랜드의 스톤컨트리라는 지역, 그 이름처럼 돌로 이루어진 험난한 고원 사이를 달리는 이스터엘리게이트강 위 자신의 작은 카누에 몸을 싣고 있었다. 갑자기 우기의 스콜이 쏟아지기 시작했지만, 그녀는 노 젓기를 포기하지 않고 물살을 가르고 있었다. 그러던 중에 하필 그 강에 사는 거대한 악어와 눈이 마주치고 말았다.

무서운 포식자 악어는 인간인 그녀를 먹잇감으로 점찍고는 머리만 내놓은 채 황토색 강물에 몸을 감추고 있다가 어느 순간 섬광처럼 물속에서 뛰어올라 그녀를 움켜쥐고 강물 속으로 끌어들였다. 그녀의 표현에 따르면 "육즙과 영양분이 풍부한 몸을" 가진 인간을 잡아먹으려는 포식자 악어와, 먹이로 잡아먹히지 않기 위해 악어에게서 벗어나려는 연약한 인간의 필사적인 사투가 벌어졌다. 그녀는 악어가 먹잇감을 사냥할 때 먹이를 탈진시키거나 익사시키기 위해 먹이를 입에 물고 물속으로 들어가 수차례 회전하는 "죽음의 소용돌이

death roll"를 세 번이나 겪는 천신만고 끝에 포식자 악어에게서 몸을 빼내 강물 밖으로 탈출할 수 있었다.

악어에게 잡아먹힐 뻔한 무서운 큰일을 겪었던 그날의 경험은 그녀에게, 인간으로서의 그녀 자신 그리고 악어를 포함한 자연을, 다시 말해 인간과 자연의 관계를 근본적으로 다시 성찰한 계기였다.

그녀 말처럼 인간인 우리도, 악어 혹은 우리가 즐겨먹는 삼겹살과 등심을 가진 돼지나 소와 마찬가지로 "**살-고기**"로 이루어져 있다는 걸 당연한 지식처럼 알고는 있다. 하지만 그런 지식은 구체적 경험과는 동떨어진 추상적인 지식일 뿐이다.

발 플럼우드도 바로 그 사실을 지적한다. 그녀가 그랬듯 우리는 상상이 아닌 현실로서 우리 몸이 악어나 사자, 곰, 거대한 보아뱀의 먹음직스러운 먹잇감이 될 수도 있다는 생각은 절대 하지 않는다.

그 끔찍한 사건을 겪은 후, 처음에 플럼우드는 인간인 자신이 악어라는 동물의 먹이가 될 수 있었다는 사실을 자신이 어떤 존재인지에 대한 전적인 부정이자 모욕으로 받아들였다. 인간의 몸이 무분별한 사용에 희생되고, 복잡한 신체조직이 파괴되어 다른 존재의 신체 일부로 재배치된다는 건 상상할 수도 일어날 수도 없었다!

그러나 그녀는 겸손하게, 그러나 가차 없는 우주의 진실을 깨닫는다. 인간을 포함한 지구의 모든 생물은 다른 생물-몸의 죽음으로 살고, 동시에 다른 생물-몸의 생명을 위해 죽는다는, '먹이사슬 순환 구조'의 진실.

"저는 … 갑자기 몸집이 작고 먹힐 수 있는 동물의 형태로 바뀌었습니다. 이 동물의 죽음은 한낱 쥐의 죽음보다 결코 더 중요하지 않습니다. 저는 자신을 고기로 인식하게 되어 제가 이 음침하고 매정하고 개탄스러운 세계에서 살아간다는 사실에 엄청난 충격을 받았습니다. 이 세계는 제가 얼마나 똑똑하든 간에 그 어떠한 예외도 두지 않으며, 저를 다른 살아 있는 존재처럼 고기로 만들어진, 그리하여 다른 존재에게 **영양가 있는 먹이**로 간주합니다."[39]

인간-고기, 인간-살을 상상해 보라. 삼겹살과 갈매기살, 살아 펄떡거리는 생선회를 생각하듯 인간회를 상상해 보라. 인간의 몸, 살과 피가 그 누군가에게는 맛있는 붉은 와인을 곁들인 육회가 될 수도 있다는 것, 아마도 우리가 홀로 브라질 아마존의 깊은 밀림에 내던져질 땐 명백한 공포와 함께 그 사실을 자각하게 될지도 모른다.

그러나 기술 문명의 양식장 안에서 온순한 연어처럼 헤엄치며 살고 있는 우리는 이런 냉혹한 진실에 불쾌감과 모욕감마저 느낀다. 인간인 우리는, 우리가 동물이되 동물 이상의 어떤 특별한 존재라고 믿기 때문이다.

마치 우리에겐 비천한 동물적 육체 따위는 없다는 듯이.

꼬치구이처럼 먹이사슬의 쇠꼬챙이에 꿰인 다른 생물들과는 완전히 다른 특별하고 예외적인 존재, 절대적인 포식자라는 듯이.

인간과 자연은 이제 불연속적이다. 무엇으로? 기독교의 불멸하

39 발 플럼우드, 《악어의 눈: 포식자에서 먹이로의 전락》, 김지은 옮김, yeondoo, 2023, 41-42쪽. 강조는 인용자.

는 영혼으로, 또 근대 이성주의가 말하듯 인간만이 가진 능력인 이성으로. 다윈의 진화론이 그 허구적 불연속성을 깨뜨렸음에도 우리가 자연과 인간의 연속성을 체감하는 것은 거의 불가능한 상태다. 기술 문명의 고도화, 그리고 자연으로부터 사실상 분리된 채 완전히 인공적인 도시의 삶이 그 불가능을 만들었다.

발 플럼우드는 인간(사유-정신)/자연(물질-몸)의 **이원론적 구분**이야말로 서구의, 나아가 현대 인간 문명의 가장 근본적인 질병이라고 이해한다. 이 이원론은 다음과 같은 착각을 만들기 때문이다. "인간은 본질적으로 몸에서 분리되고 자연의 나머지 부분으로부터 벗어나서 불연속적인 것처럼 자연과 동물은 윤리와 문화의 영역에서 배제된, 정신이 깃들지 않은 몸으로 여겨집니다."[40]

인간의 이런 기이한 상상으로 자연계의 먹이사슬은 이제 인간에 대해서는 '음식사슬구조'나 '자원사슬구조'로 바뀐다. 인간에 대한 음식사슬구조로서의 먹이사슬 구조. 인간은 이성과 기술, '영혼'으로 자연의 먹이사슬 구조에서 벗어났다고 믿는다. 자연과 스스로를 구별한 인간은 자연 전체를 먹이 혹은 자원으로 삼는다.

그러므로 인간/자연 이원론적 구분은 인간 중심주의를 가능하게 만드는 근본적인 상상이다. 그것은 또한 자기 자신과 사랑에 빠진 나르키소스의 병적인 상상물이기도 하다.

가련한 나르키소스가 저주의 마법에서 풀려날 수 있게 할 해독제는 어디에서 찾아야 할까.

---

40 같은 책, 47쪽.

16장 피쿼드호

나는 천전리 암각화와 반구대 암각화가 있는 대곡천에서 느낀 경이로움을 마음에 안은 채 버스를 타고 울산으로 돌아왔다. 울산 시내에 발을 디딘 순간, 깊은 산 속 계곡과는 다른 공기에 헉, 하고 숨이 막혀왔다. 귀를 꿰뚫을 듯이 사방에서 엄습하는 소음들, 눈이 시리도록 쇄도하는 빛, 거리에 북적이는 사람들. 마치 수백 수천만 년 전 인간 출현 이전의 야생 지구에 있다가 갑자기 21세기의 번쩍이는 현대 인간 문명의 거대도시로 튕겨 나온 기분이 들었다.

수십 층 높이로 솟아있는 빌딩들의 정글을 올려다볼 때, 그런 마천루 빌딩을 처음 보는 것처럼 낯선 경이로움이 너무 커 메스꺼움마저 느껴졌다. 나는 반구대 암각화에 고래를 새겨넣던 신석기인들이 지금 내게 빙의되어 이 풍경을 바라본다면 어떤 생각을 하게 될지를 상상해 보았다.

이것은 얼마나 위대한가? 자연의 제약과 한계를 뛰어넘어 대지와 바다, 하늘까지 정복하고 지배하는 호모 사피엔스 종의 위대한 도약! 시멘트와 강철과 콘크리트, 플라스틱, 그리고 상상하기 어려울 정도로 정교하고 복잡한 기계들로 쌓아 올린 거대한 방벽!

이 도시는 외부 자연과는 차단된, 독립적으로 작동하는 하나의 거대한 기계였다. 현대 도시는 그 자체가 하나의 차가운 기계이고, 여기에 야생의 자연 따위는 없다. 공원, 가로수 같은 '인공-자연' 은 이미 기계의 한 부분에 불과하다. 수백만 명의 인간과 동식물, 전 세계 대지에서 퍼낸 석유, 모래, 코발트, 리튬, 구리 같은 원료들과 강물, 공기, 바다 등 이 모든 것을 블랙홀처럼 빨아들이고는 분해하거나 분리하는 물리-화학적 공정을 거쳐 또 다른 기계들을 토해내는 기계. 그 과정에서 대기를 오염시키는 이산화탄소와 메탄 등 온갖 오염 물질들을 숨처럼 뱉어내는 기계.

나는 대부분 도시에서 살아가는 현대인들이 왜 자연을 그저 **추상적인 '바깥'** 으로 인식할 수밖에 없는지를 깨달았다. 도시인에게는 살아 숨 쉬는 동식물이 아니라 쇠고기, 삼겹살, 치킨 등 마트에서 파는 '고기' 들과 비닐로 포장된 '채소' 들만 있을 따름이다.

눈에 보이지 않는 외벽으로 둘러싸인 하나의 세계.

그제야 첫날 버스를 잘못 타는 바람에 우연히 지나가게 된 울산 공업단지에서 본 풍경의 의미를 되새기게 되었다. 이 도시는 세계적인 조선소들, 자동차공장, 그리고 석유화학단지가 들어서 있는 초거대 공업도시가 아니던가? 버스가 지나가는 도로 주변엔 강철로 만들어진 압도적인 크기의 원통형 원유 저장 탱크들과 석유화학단지에서 세운 굴뚝, 공장건물들, 해변 쪽으로 높이 솟은 강철 크레인들이 보였다. 그 골리앗 같은 규모는 너무나 압도적이어서 절로 위축이 되는 기분이었다.

이곳에서 생산된 거대한 자동차, 유조선, LNG선은 전 세계 바다를 누비고 다닐 것이다. 석유화학 공업단지에서 만들어진 온갖 플라스틱 제품들은 공업제품에서 플라스틱 페트병에 이르기까지, 인간계의 일상생활 모든 곳에서 사용되고 있을 터이다.

나는 전 세계 대양 구석구석 누비고 다닐 대형 화물선박들과 유조선들, LNG선박들을 떠올려 보았다. 바다 위에 거미줄처럼 촘촘하게 연결된 물류 항로들을 따라 또 얼마나 많은, 울산 같은 메가시티들이 연결되어 있을까? 상하이, 선전, 충칭, 뭄바이, 뉴델리, 싱가포르, 도쿄, 오사카, 뉴욕, 로스엔젤레스, 런던, 파리, 베를린, 부에노스아이레스, 리우, 시드니. 멜버른…. 그리고 적게는 수백만에서, 많게는 수천만 인구를 거느린 이 모든 도시는 바닷길뿐 아니라 항공기들이 날아다니는 하늘길과 비가시적인 광통신망으로 연결되어 있고, 또 지구 대기권 밖 우주공간엔 무수한 인공위성들이 지구를 둘러싼 채 우주를 떠다니고 있다.

이러한 **기계-기술적 연결망**, 즉 **기술권**technosphere이라고 불러야 마땅할 하나의 권역은, 대기권, 지권, 수권, 생물권 같은 지구 생태계를 구성하는 여러 권역과 다시 분리 불가능하게 상호작용하고 있지 않은가? 오히려 기술권, 즉 기술적 네트워크가 가진 '물질적인 힘'이야말로 지금은 이미 다른 모든 자연적인 권역들을 연결하고 매개하면서, 자신의 중력중심으로 다른 여타 권역들을 블랙홀처럼 빨아들이고 있는 것은 아닐까?

그런 맥락에서, 멜빌이 포경선 피쿼드호의 기계장치들, 그리고 그것들의 구조와 기능, 연결들에 그토록 주의를 기울이고 그것들에 관해 지루할 정도로 꼼꼼하고 자세하게 묘사한 것엔 충분한 이유가 있다는 걸 새삼 깨닫게 되었다.

즉 멜빌에게 피쿼드호라는 기계는 인간들의 포경을 위한 단순한 도구 이상의 존재였다. 피쿼드호는 그 자체가 19세기 중반 미국 자본주의 기술 단계의 총결집체였고, 멜빌은 마치 엔지니어처럼 피쿼드호의 기술적인 부분들을 충실하게 보고하고 있다. 즉, 멜빌은 피쿼드호에 극적인 중요성을 부여했던 것이다.

멜빌은 《모비 딕》의 제16장에서 한 페이지 반에 걸쳐 피쿼드호의 외모를 사람의 외모를 평하듯 비평한다. "사대양의 거친 태풍과 고요 속에서 길고 오랜 세월 풍상에 닳고 얼룩진 선체의 색깔은 이집트와 시베리아에서 전쟁을 겪은 프랑스 척탄병의 얼굴처럼 시커멓게 그을려" 있고, "오래된 뱃머리는 턱수염이라도 난 것처럼" 보이며, "낡은 갑판은 토머스 베케트가 피 흘려 죽은 후에 순례자들의 경배 대상이 된 캔터베리 대성당의 포석처럼 닳고 주름져 있었다." 그러나 "피쿼드호는 광택으로 번쩍이는 상아 목걸이를 목에 건 야만적인 에티오피아 황제처럼 꾸미고 있었다." 멜빌은 피쿼드호의 근육과 힘줄, 턱을 묘사하기도 하며, 최종적으로는 "고귀하지만 한편으로는 참으로 우울한 기계!"라고 설명한다.[41]

소설에서 피쿼드호의 크기와 무게에 대한 세세한 설명은 없다. 하지만 젊은 시절 멜빌이 직접 탔던 포경선 어커시넷호가 모델일 거

41 Herman Melville, 78쪽.

피쿼드호를 재현한 이미지(Diagram of the Pequod from Melville's Moby Dick, by Andrew DeGraff 2015). 출처: ltwilliammowett.tumblr.com

라는 사실을 감안하면, 피쿼드호도 길이가 40여 미터에 이르고, 무게도 수십 톤에, 두 개의 갑판, 거대한 세 개의 돛대와 여러 척의 작은 포경정을 갖춘 배였으리라는 사실을 알 수 있다.

멜빌은 소설의 여러 장에 걸쳐서 피쿼드호의 기술적 장치와 기능을 설명한다. 양묘기와 권양기, 조타장치, 측정기와 추심줄, 바이스 작업대, 정유장치, 포경 밧줄과 밧줄통, 절단용 도르래 장치, 나침반, 해도, 대장간과 용광로, 작살과 작살통, 기름을 저장하는 기름통 등등. 이에 더불어, 포획한 고래를 해체하는 과정과 기름을 빼내는 작업, 기름통에 기름을 저장하는 과정 등을 빼놓지 않고 상세히 설명하여, 소설은 19세기 포경산업의 실제에 대한 탁월한 보고서를 방불게 한다. 그 모든 과정에 대한 세밀한 묘사는 작살을 실은 포경정과 작살, 작살잡이들에 대한 묘사와 모비 딕 고래를 사냥하기 위해 실제로 싸우는 격렬한 사냥 장면 못지않게 중요한 비중을 차지한다.

> "기름은 따끈한 펀치처럼 아직 따뜻할 때 6배럴들이 통에 부어진다. 한밤중이 되면 배가 이리저리 흔들리는 탓에 거대한 통이 빙글빙글 돌거나 뒤집히기도 하고, 그러다가 때로는 마치 산사태라도 일어난 것처럼, 위험천만하게도 미끄러운 갑판을 가로질러 돌진하기도 하기 때문에 결국 선원들이 직접 통을 붙잡아 제자리에 갖다 놓아야 한다. … 녹슨 커다란 통들은 양조장 마당에서처럼 여기저기 쌓여 있고, 정유 장치에서 나오는 연기는 뱃전을 온통 그을음으로 더럽힌다. 선원들은 기름투성이가 되어 돌아다닌다. 배 전체가 마치 거대한 리바이어던 고래 자체인 듯이 보인다."[42]

배 전체가 거대한 고래처럼 보인다는 묘사는 피쿼드호에 모비 딕 고래 못지않은 행위적 위엄을 부여한다. 아무리 뛰어난 인간 작살잡이도 포경선이라는 기술적 동반자 없이 맨몸으로 바다의 제왕 고래와 겨룰 수 없다.

소설 속에서 피쿼드호는 하나의 '행위소actant'로서 자격을 갖추

42 Herman Melville, 467쪽.

고 등장한다. 즉, 피쿼드호는 이 거대한 해양 모험 소설의 당당한 한 배역, 한 캐릭터로서 자신의 역할을 연기한다. 피쿼드호는 매우 강력한 캐릭터다. 피쿼드호는 에이허브나 이슈마엘, 스타벅, 퀴퀘그 같은 인간 배역들이 그 위에서 역할 연기를 펼치게 되는 단순한 무대-배경이 아니다. 피쿼드호는 그들 인간 배우들과 연합한 형태로, 수시로 자신만의 역할과 행위를 드러내며, 모비 딕 고래와 맞서는 인간-포경선 동맹체의 한 축이라는 역할을 수행한다. 그렇기에 멜빌은 마치 인간 주인공 캐릭터의 외모와 성격, 장단점과 능력을 묘사하듯 피쿼드호의 구조와 장치들, 기능들 세세한 부분들을 애써 설명하고자 했던 것이다.

만약 《신약성서》의 예수 전기를 한 편의 드라마로 상연한다고 할 때, 유다라는 인물의 결정적인 역할이 없다면 어떻게 십자가 사건이 가능하겠는가? 열두 제자, 본티오 빌라도, 예수가 탔던 당나귀, 예수에게 창을 찔러넣는 로마 병사들, 등등. 이들 각각의 배역들은 이야기의 플롯을 따라 맡은 역할을 수행하는 '행위소'로서 제대로 기능을 해야만 예수의 십자가 드라마가 완성된다. 주인공뿐 아니라 조연, 엑스트라, 심지어 무대 소품들까지도 드라마에서 각각의 위상과 역할, 행위소 기능을 담당하게 마련이다.

인간-피쿼드 동맹과 고래-바다 동맹이 장대한 힘의 각축전을 벌인다. 그리고 그 각축, 투쟁은 고래-바다 동맹의 승리로 끝난다. 나는 이것이야말로 멜빌이 그린 《모비 딕》의 진정한 서사적 구도라고 생각한다.

《모비 딕》 소설은 이처럼 에이허브나 이슈마엘, 스타벅, 퀴퀘그 같은 인간들뿐만이 아니라, 피쿼드호, 그리고 그 피쿼드호의 포경정과 작살, 포경밧줄 등 수많은 사물과 바다, 고래 같은 비인간 캐릭터들이 각자의 행위들로 뒤얽힌 세계를 우리에게 보여준다. 그것은 브뤼노 라투르가 행위자 연결망의 세계라고 부른 세계를 선취한 것처럼 보이기도 한다.

미국의 학자 이언 보고스트Ian Bogost는 《에일리언 현상학, 혹은 사물의 경험은 어떠한 것인가》라는 흥미로운 책에서 '존재도학' 또는 '라투르 열거'라는 이름으로, 일종의 카탈로그식 목록 제시를 언급한다. 라투르가 열거한 목록은 이렇다.

> "폭풍, 쥐, 바위, 호수, 사자, 어린이, 노동자, 유전자, 노예, 무의식적인 것, 바이러스.
>
> 선거, 대중시위, 책, 기적, 제단 위에 펼쳐져 있는 내장, 수술대 위에 널려 있는 내장, 그림과 도표와 도해, 울음소리, 괴물, 웃음거리가 된 전시회…."[43]

이 목록은 마치 허먼 멜빌이 포경과 포경 장비 및 기술에 관한 온갖

43 Bruno Latour, *The Pesteurization of France*, 192, 196쪽. 이언 보고스트, 《에일리언 현상학, 혹은 사물의 경험은 어떠한 것인가》, 김효진 옮김, 갈무리, 2022, 89쪽 재인용.

잡다한 목록을 늘어놓는 것과 유사하다. 위 목록은 열거한 모든 대상이 존재론적으로 동등하며, 동등한 행위능력을 가진 행위자들의 집합임을 강조하려는 이유에서 제시된 것이다. 존재도학은 인간과 사물 관계 이상으로 비인간 사물들 간 관계에 주목하게 만든다. 객체지향 철학자 그레이엄 하면에 따르면 "어떤 통일 제국에도 저항하는 다수의 사물에 관해서 반복적으로 불리는 마법사의 노래다."[44]

브뤼노 라투르는 바이러스와 책, 호수, 폭풍, 유전자, 그림과 도표들 같은 비인간적인 것들이 노동자나 대중시위만큼이나 동등하게 행위능력을 가졌다고 주장한다. 허먼 멜빌이 모비 딕과 피쿼드호 같은 비인간 존재들에게 인간 등장인물들 못지않은 비중과 역할, 서사를 이끌어가는 능력을 부여한 것처럼.

라투르가 비인간 사물들에게도 부여한 '행위능력agency'은 그동안 오직 인간에게만 주어진 신성한 능력이었다.

서구 사회가 세계를 인간 중심적으로 구획 짓고, 세상 만물을 주인과 노예들의 세계로 분리했다면, 그것의 핵심적인 관념은 바로 행위능력agency의 차별에 있다. '에이전시'라는 단어는 행위능력, 행위주체성, 행위성 등으로 번역되곤 한다. 그 단어는 지난 수백년 간 오직 인간에게만 부여되는 신성한 능력이었다. 행위능력이란, 다른 행위자나 대상에 영향력을 행사해 변화를 일으키는 능동적인 능력이자 힘이다. 즉 다른 존재에 **인과적 영향력**을 행사하거나, 인과적 영향

44 Graham Harman, *Principal of Network*, 102쪽. 이언 보고스트, 《에일리 언 현상학, 혹은 사물의 경험은 어떠한 것인가》, 91쪽 재인용.

에 **저항하는 힘**이다.

17세기의 철학자 르네 데카르트에 따르면 불멸하는 영혼과 사고능력을 가진 인간만이 의도적인 행위능력을 가졌다. 나머지 자연계 전체는 뉴턴의 만유인력 법칙이나 작용-반작용 같은 엄격한 인과적 결정론에 따른 객관적인 자연법칙에 종속된 기계적 운동만이 가능한 존재다. 비유하자면 우주 전체는 일종의 거대한 시계와 같은 기계다. 시계는 태엽, 톱니바퀴와 바늘 등의 부품들로 구성되어 있다. 외부에서 누군가 태엽을 감아주면 정확하게 기계적인 운동을 한다. 데카르트는 물질로 이루어진 세상의 모든 사물이 시계와 같은 기계라고 보았다. 심지어 영혼을 제외한 인간의 육체, 그리고 동물들도. 시계의 톱니바퀴나 태엽에 해당하는 것이 동물의 뇌와 심장, 근육 같은 것들이다. "근육의 운동, 즉 모든 감각은 신경에 의존하는데, 뇌와 마찬가지로 공기나 바람(동물의 영혼)을 포함하고 있다."[45]

인간은 이 기계적인 육체를 영혼과 자유의지를 통해 조종한다. 이것이 '기계 속의 유령'이라는, 납득하기 자못 어려운 희대의 이론이다. 이제 인간만이 능동적 행위자이고 자연은 수동적으로 조작당하는 물질세계일 뿐이게 된다. 이렇게 해서 근대 세계에선 인간만이 주체가 되고, 나머지 세계는 객체, 즉 주체의 수동적인 행위 대상인 이원론적 세계가 세상 속으로 들어왔다. 근대 서구의 인간 중심적인 사고의 진정한 시발점이었다. 세상의 인간 아닌 모든 사물, 자연 전

45 Descartes, *The Passion of the soul*, trans.Stephen Voss. New York : Hackett Publishing Company, 1989, 21-22쪽. 김종갑, 〈자연이란 무엇인가?〉, 《자연문화와 몸》, 몸문화연구소 편저, 헤겔의휴일, 2022, 31쪽 재인용.

체를 인간이란 주인공을 위한 활동 배경, 무대, 수단과 도구로 배치하고 정렬시키는 관점, 그것이 바로 인간 중심주의가 아니던가?

그런데 세상의 동물들, 식물들, 즉 모든 생명이 일종의 기계라는 발상은, 얼마나 기이하고uncanny 섬뜩한 발상인가? 우리가 가족처럼 여기는 강아지나 고양이가 로봇과 다름없는 기계라고 생각하는 일이 진심으로 가능할까? 아무리 위대한 철학자라도, 한 시대의 편견과 고정관념을 넘어서는 건 참으로 어려운 일이다.

칼 마르크스는 건축가와 거미 사례를 들어, 인간과 인간이 아닌 동물들의 차이를 설명했다. 자신을 보편적으로 의식하고 상상력을 가진 인간만이 '행위act' 하며, 거미 같은 비인간 동물들은 프로그램된 알고리즘, 즉 '본능'에 따라 '반응적 행동behavoir' 만을 보인다고 주장한 것이다.[46] 그러나 영국의 철학자이자 생태이론가 티머시 모턴Timothy Morton이 주장하는 바대로, 현대 생물학자는 개미, 쥐, 벌, 고양이 등의 동물들이 그저 반응만 하는 것이 아님을 보여준다. 행위와 반응 사이의 엄격한 구별은 사실상 불가능하다. 행위 자체가 실은 어떤 특정한 종류의 반응양식일 수 있다. 인간의 모든 행동거지 자체가 뚜렷한 경계를 확정 짓기 힘든 행위와 반응의 복합적 양태인 것이다.

능동적 행위자와 수동적 대상, 영혼의 소유자와 영혼 없는 기계-객체들만 있는 세계. 이런 사고의 패러다임 속에서 우리는 과연 이산화탄소 기체들이 지구 온도를 높이면서 인간계를 위협하는 사

---

46 티머시 모턴, 《인류》, 김용규 옮김, 부산대학교출판부, 2021, 203-204쪽 참고.

태를 어떻게 이해할 수 있을까? 가습기 살균제 사태 같은 인체와 각종 화학물질의 뒤얽힘 사건들을 어떻게 이해할 수 있을까?

브뤼노 라투르는 행위자연결망이론ANT: Actor Network Theory과 비인간행위자론으로 데카르트적 인간중심주의 세계관을 전복시키고자 도전했다. 그는 비인간 존재자들의 마르크스다. 비인간 존재자들이 인간 못지않은 존재론적 위상과 행위능력을 갖게 되고, 비로소 주목받게 되었다.

우리가 세계라는 부르는 것은, 인간과 비인간 행위자들이 마치 거미줄이나 그물망처럼 복잡하게 얽히고설켜 관계를 맺고, 관계 속에서 작용하거나 저항하고, 동맹하고 연합하며 힘의 각축을 벌이는 그런 곳이다. 즉 행위자들의 연결망, 네트워크다.

코로나바이러스가 우리 몸속에 침투해 우리를 죽일 수 있듯이, 바이러스조차 능동적인 행위능력을 가진다. 물론 행위능력의 크기와 힘의 차이는 존재한다. 지구보다 태양이 비교할 수 없을 정도로 강력한 힘을 갖듯이. 그럼에도 단순한 부동의 물체조차, 타자에게 작용적 효과를 발휘한다. 라투르가 자주 드는 사례가 바로 과속방지턱이다. 과속방지턱은 단순히 거기에 있다는 단순한 사실적 사태만으로 마치 교통경찰처럼 운전자들의 운전행위에 영향을 미친다. 과속방지턱 앞에서, 운전자들은 속도를 낮춘다. 마찬가지로 이산화탄소는 양이 늘어날수록 행위능력이 커져 지구의 평균온도를 급속하게 올리고, 바다의 해수면 온도를 높인다. 나아가 남북극과 그린란드, 히말라야산맥의 빙하를 녹여서, 산사태를 일으켜 산 아래 인간들을 덮치게 만들고, 폭염과 태풍, 산불을 초래한다.

라투르는 개코원숭이 사회와 인간 사회의 근본 차이를 '**비인간 사물들의 동원**'에서 찾는다. 개코원숭이 집합체를 유지하는 데 들어가는 것은 오직 이 영장류 자신들, 그들의 신체, 그들의 상호 호의, 그들의 힘겨루기, 요컨대 그들의 복잡한 사회적 상호작용뿐이다. 그러나 인간 집합체에서는 사정이 완전히 다르다. 도구, 벽, 탁자, 화폐 등 상호작용의 프레이밍에 결정적인 역할을 하는 광범위한 비인간 행위자들이 인간 집합체에 포함되어 있기 때문이다.[47]

세계에서 존재하는 것은 바로 그러한 '인간과 비인간의 연합 혹은 결합의 이질적 연결망'이다. 소설에서도 그렇듯이, 피쿼드호와 거기에 실린 각종 기계장치들, 작살 같은 비인간 사물들과 연합하거나 그들을 동원하지 못한다면 에이허브가 아무리 뛰어난 고래잡이일지라도 망망대해 태평양 바다를 누비며 고래를 사냥하는 일은 꿈도 꾸지 못할 것이다.

따라서 사회와 자연, 문화와 자연, 인간과 비인간을 나눌 수 있는 구분되는 칸막이 따위는 없다. 사회극도, 자연이라는 극도 존재하지 않는다. 하부구조-상부구조라는 어떤 '구조'도 존재하지 않는다. 존재하는 건 오직 인간과 비인간들의 이종적 연결망뿐이다. 라투르는 그런 인간-비인간의 이종적 연결망을 '**집합체**collective'라는 단어로 다시 정의한다. 분명한 건, 라투르가 행위자 연결망 개념으로 의미하고자 했던 것은 비인간 행위자들까지 포함된 행위자들의 각축

47 아네르스 블록·토르벤 엘고르 옌센, 《처음 읽는 브뤼노 라투르》, 황장진 옮김, 사월의책, 2017, 224쪽.

과 연결, 결합과 해체와 같은 복잡한 '관계적 얽힘'과 역동적인 생성의 코스모스, 그것이 바로 우리가 살고 있는 진짜 세계라는 사실이다. 이러한 연결과 얽힘은 인간 대 비인간 관계뿐 아니라, 이제는 비인간과 비인간 사이의 관계와 그들만의 집합체에 관해서도 사고할 수 있는 새로운 사고의 지평을 열어 준다. 《모비 딕》을 에이허브와 이슈마엘, 퀴퀘그 등 인간들의 서사가 아니라, 피쿼드호와 모비 딕, 바다의 관계로 새롭게 읽어내려고 하는 것처럼.

이런 생각들은 《모비 딕》을 보는 내 관점을 근본적으로 뒤바꾸어 놓았다. 결국 멜빌은 우주적 민주주의를 꿈꾼 건지도 모른다는 생각. 마치 라투르의 철학을 선취하기나 한 듯이, 인간만이 주인이고 나머지 모든 존재는 노예나 사물로 전락해 버린 세계가 아니라 인간과 고래, 포경선, 바다, 육지, 하늘, 그 모든 것이 함께 얽히고 연결되어서 하나의 조화로운 공동세계를 형성하는 생태학적인 세상을 그려내고 싶었던 것이 아닐까. 비록 현실은 그의 소망과 다르게 움직이고 있을지라도.

시내버스를 갈아타고 다시 장생포를 향하여 가는 길, 버스 차창 밖을 멍하니 바라보며 심란한 몽상에 빠져 있던 내게 또 다른 생각이 가지를 치며 스쳐 지나갔다.

에이허브 선장과 고래잡이 선원들이 타고 있던 포경선 피쿼드호, 그것이 상징하는 바가 무엇인지 명료해지는 것 같은 기분에 사로잡혔던 것이다. 19세기 테크놀로지의 집결체였던 피쿼드호는, 1만 년 전 신석기인들이 의지했던 통나무배가 아니다. 피쿼드호는 당시 미국의 기술과 자본주의 사회경제 시스템이 직결된, 기술, 사람,

자본의 자본주의적 배치 속에서만 등장할 수 있었던 기술적 기계였다. 고래 모비 딕과 대결한 것은 인간들만이 아니라, 그에 동원된 기계 피쿼드호와 인간들의 동맹체였던 것이다. 즉, 인간과 피쿼드호라는 기술적 기계의 동맹 대 벌거벗은 몸 자체인 고래의 대결이었다.

그럼에도 그 동맹체가 모비 딕에 패배하며 파괴되는 결론을 내린 허먼 멜빌은 결국, 질주하는 미국식 기술-자본주의의 파국을, 자연과 흑인 노예들을 식민화하면서 질주하고 있던 근대라는 시대의 몰락을 예감하고 비판한 것은 아니었을까.

피쿼드라는 이름은 멸망해 간 인디언 부족의 이름이다. 멜빌은 왜 하필 자신의 소설 속 포경선에 그런 이름을 붙였을까. 어쩌면 그 까닭은 멜빌이 자신의 소설을 "사악한 책"이라고 부른 까닭과도 맞닿아 있을 모른다는 생각이 들었다.

그것은 멜빌이 소설을 통해, 미국의 주류 백인 자본가들의 비전은 당대의 믿음과 정반대로 파멸과 몰락, 죽음의 길임을 말했기 때문은 아닐까? 미래에 대한 낙관과 자신감에 가득 차 제국주의적-자본주의적 확장을 청교도적인 승리로 확증하고 싶어 하던 그들을 향해 의식적으로 비판적으로 쓴 소설이었던 건 아닐까? 다시 말해, 그는 근대의 **인간 중심주의적 세계의 전복**을 꿈꾼 것이 아니었을까? 그것이야말로 멜빌이 **자신의 책이 가진 궁극적인 사악함**이라고 생각한 건 아니었을까?

그런 관점에서 본다면, 지금의 이 거대 인간-자본-기술의 동맹체제 자체가 하나의 초거대 피쿼드호로서 지구 생태계라는 바다를 질주하며 닥치는 대로 모든 것을 사냥하고 있는 것은 아닐까. 지구 자체를 모비 딕 삼아 절멸적인 사냥을 벌이는 것은 아닐까. 그래서 우리는, 이런 시대를 인류세라고 부르는 것은 아닐까.

나는 조금씩 어둠에 물들기 시작하는 도시의 풍경을 바라보며 모비 딕을 향해 맹목적으로 질주하는 피쿼드호의 선장 에이허브, 광기와 독선, 아집에 휩싸인 에이허브를 다시 떠올렸다. 그리고 스스로에게 물었다.

오, 에이허브여, 당신은 진정 누구인가? 어떤 인간인가?

17장 에이허브와 모비 딕

에우로파를 납치하여 우아한 뿔에 매달고 헤엄쳐 가는 하얀 황소,
… 그 위대한 최고신 제우스도 성스럽게 헤엄치는
저 빛나는 흰 고래를 능가하지는 못했다.
-《모비 딕》, 제133장[48]

에이허브, 피쿼드호의 선장. 그는 신비로울 정도로 거대하고 무서운 흰 고래 모비 딕의 위엄에 어울리는 카리스마와 지배력과 불굴의 의지를 드러내는 인물이다. 모비 딕에게 다리를 물어뜯겨 고래 뼈로 만든 의족을 해야만 하는 수치심, 그리고 자신을 그렇게 만든 모비 딕에 대한 분노와 원한, 증오와 복수심으로 마치 소설 전체를 활활 불태울 듯한, 한마디로 '편집증적 광기'에 사로잡힌 인물이다.

이슈마엘은 에이허브에 대해, 그에겐 "앞만 뚫어지게 바라보는 두려움 없는 선장의 시선에는 강건한 뚝심, 불굴의 의지가" 있었다

48 Herman Melville, 596쪽.

고, 동시에 "왠지 우울해 보이는 에이허브는 십자가에 못 박힌 사람의 표정을 하고 그들 앞에 서 있었는데, 말로 다 할 수 없는 압도적인 위엄을 지닌 강력한 비애가 느껴지는 것이었다"라고 쓴다.[49]

허먼 멜빌은 모비 딕과 에이허브라는 독창적인 캐릭터를 창조해 냄으로써 그가 모범으로 삼은 셰익스피어의 리어왕이나 맥베스 같은 인물들에 필적할 불멸의 문학적 성취를 이루어 냈다.

세르반테스의 돈키호테와 멜빌의 에이허브를 비교해 보라. 돈키호테는 어설프고 우스꽝스럽지만 정감이 가는 반면에, 에이허브를 생각하면 나는 왠지 조금은 으스스하면서도 울적한 기분에 사로잡히곤 한다. 강력하지만, 사랑할 순 없는 인물이다. 그렇다, 에이허브는 영웅이 아니라 '빌런', 사악하지만 동시에 특유의 카리스마로 지배력을 행사하는 무지막지한 폭군 캐릭터다.

멜빌은 상징으로 가득한 이 소설에서, 피쿼드호의 선장 이름에 《구약성서》에 나오는 인물 아합왕의 이름을 붙였다. 《구약성서》의 〈열왕기상〉에서 아합은 모압의 왕에게서 어린 양 십만 마리와 숫양 십만 마리의 털을 조공으로 받는 등 강력한 통치력을 발휘했던 왕이었다. 그러나 이교의 신인 바알의 숭배자를 아내로 맞이하면서 바알의 신전을 세우고 바알을 섬기는 제단을 쌓았으며, 예언자 엘리야를 탄압하다 전쟁에서 사망했다. 그는 성서에서 역대 가장 흉악한 왕으로 악명을 남겼다.

멜빌이 성서의 아합왕에게서 그 이름을 따왔다고 해서, 에이허

49 같은 책, 135쪽.

브를 마치 신에 거역하는 사탄처럼, 밀턴의 《실낙원》에 나오는 타락 천사 루시퍼처럼 보아선 안 된다. 미국의 철학자 휴버트 드레이퍼스Hubert Dreyfus도 이런 관점을 지지한다. 그는 에이허브의 사악함은 "신에 대해 반역을 꾀한 데서 오는 것이 아니라, 반역을 꾀할 신이 있는지 찾아내려는 그의 결단에서 오는 것"이라고, 에이허브는 "사물들이 존재하는 방식에 관한 **최종적이고 궁극적인 진리**를 미친 듯이 추구"하는 인물이라고 본다.[50] 이런 해석에는 에이허브의 맞수인 모비 딕 고래와 에이허브의 관계에 대한 세심한 독해가 필요하다. 이런 관점으로 보면 허먼 멜빌은 소설 속에서 에이허브와 모비 딕을 맞세우고 있는 듯하다. 마치 철학자와 세계를 맞세우듯이.

허먼 멜빌이 《모비 딕》을 발표한 후 150여 년이 흐르는 세월 동안 에이허브와 모비 딕의 관계에 대한 무수한 상징적 해석이 있어왔다. 내가 이 책에서 보여주려 했듯이 에이허브 선장은 무구한 자연을 침탈하고 정복하려는 인간종의 잔혹함을 상징하는 인물로 나타나거나, 파시스트 독재자로 해석되기도 했으며, 무소불위의 힘으로 확장 일변도로 질주하던 당시 미국의 제국주의적 확장에 대한 이미지로 읽히기도 했다. 휴버트 드레이퍼스는 철학자다운 방식으로, 형이상학적으로 두 존재의 관계를 읽어내려 시도한다. 궁극적이고 확실한 형이상학적 진리를 파헤치려는 철학자 에이허브와, 세계와 존재의 의미를 감추고 있는 모비 딕으로. 충분히 가능한 시도이고 매력적인 접근이다. 다만 내가 하려는 것은 이 상징주의적이고 낭만적인

50 휴버트 드레이퍼스·숀 켈리, 《모든 것은 빛난다》, 김동규 옮김, 사월의책, 2013, 285쪽.

소설로 멜빌 자신이 의도한 바가 무엇이었는가를 최대한 텍스트 자체에 집중하면서 따라가 보는 것이다.

에이허브에게 흰 고래 모비 딕은 단순한 고래, 자신에게 상처와 수치심을 입힌 한 마리 고래가 아니다. 그에게 모비 딕은 하나의 형이상학적인 대상으로 상징화되어 있다. 에이허브에게 모비 딕 고래는 "생각이 깊은 사람을 갉아먹어 반쪽 심장과 반쪽 폐로 살아가게 만드는 모든 사악함의 편집광적 헌신"이며, "미친 에이허브에게는 모든 악이 모비 딕이라는 형태로 가시화되었고 실제로 공격할 수 있는 대상이 되었다."[51] 에이허브는 오직 모비 딕에 대한 사적인 복수를 위해 피쿼드호를 이용한다. 소설의 제36장 〈뒷갑판〉에서 그는 갑판에 모든 선원을 모이게 한 후에, 압도적인 카리스마와 연설로 자신의 불법적인 복수행을 설득하고, 이슈마엘조차 그의 카리스마에 짓눌려 에이허브의 사적인 복수에 동조하게 만들어 버린다. 그는 끔찍하게 큰 소리로 짐승처럼 울부짖으며 외친다. "나는 희망봉을 돌고 혼곶을 돌고 노르웨이 소용돌이를 돌고 지옥의 불꽃을 돌아서라도 그놈을 쫓아갈 거야. 절대로 포기하지 않는다. 우린, 바로 그걸 위해 출항하지 않았는가! 흰 고래를 대륙의 양쪽에서, 지구의 구석구석까지 추적해 놈이 검은 피를 토하고 지느러미를 늘어뜨릴 때까지 쫓을 것이다."[52]

그의 광기 어린 증오는 지옥에까지 가 닿을 듯하다. 하지만 모비

---

51 Herman Melville, 200쪽.

52 같은 책, 177쪽.

딕은 단순히 악의 현현이 아니다. 에이허브에겐 모비 딕을 추적하는 것에 더 심오한 의미가 있다. 에이허브는 계속해서 외친다.

> "눈에 보이는 건 뭐든 전부 판지로 만든 가면일 뿐이야. 하지만 어떤 경우에서건 의심할 여지가 없는 태도로 진실한 행위를 한다면, 그 비합리적으로 보이는 가면 뒤에서 뭔가 알려지진 않았지만 합리적인 어떤 것이 얼굴을 내미는 법이야. 공격하려면 우선 그 가면을 꿰뚫어야 해! 죄수가 감방 벽을 뚫지 못하면 어떻게 바깥세상으로 나올 수 있겠나? 내게는 그 흰 고래가 바로 그 벽이야. 바로 앞까지 닥쳐온 벽. 때로는 그 너머에 아무것도 없다는 생각이 들 때도 있어. 하지만 그게 무슨 대순가? 그 녀석은 나를 밀치고, 멋대로 괴롭히고 있어. 나는 녀석한테서 흉악한 힘을 보고, 그 힘을 더욱 북돋는 헤아릴 수 없는 악의를 보고 있어. 내가 증오하는 건 바로 그 헤아릴 수 없는 존재야. 흰 고래가 앞잡이든 주역이든, 나는 증오를 녀석에게 터뜨릴 거야. 천벌이니 뭐니 하는 말은 하지 말게. 나를 모욕한다면 나는 태양이라도 달려들어 공격하고 말거니까."[53]

에이허브와 모비 딕. 에이허브에게 모비 딕은 목숨을 내주더라도 반

53 같은 책, 178쪽.

드시 알아내야만 할 그 무엇이다. 에이허브가 모비 딕을 두려워하는 건 단지 모비 딕으로 인해 자신이 죽을 수도 있다는 가능성 때문만이 아니다. 그가 진정으로 두려워하는 것은 **생의 무의미**다. 에이허브는 자기 존재와 삶의 의미의 결핍, 즉 무의미로 고통받고 있고, 그것을 해소하고자 한다. 그가 보는 이 세상, 감각으로 지각할 수 있는 현상 세계는 가면일 뿐이다. "**눈에 보이는 건 뭐든 전부 판지로 만든 가면일 뿐이야**"라고 외친 것처럼.

에이허브는 합리주의자다. 이성의 힘을 믿는다. "의심할 여지가 없는 태도로 진실한 행위를 한다면, 그 비합리적으로 보이는 가면 뒤에서 뭔가 알려지진 않았지만 합리적인 어떤 것이 얼굴을 내미는 법"이다. 그는 혼돈과 부조리, 모순으로 가득 찬 이 세계 너머, 혹은 이 세계의 밑바탕에는 그 모든 것을 일관되고 깔끔하게 설명해 줄 궁극적인 존재의 진리가 있을 것이라 믿고, 합리적 이성은 그것을 장악할 수 있다고 믿는다. 비합리적인 가면 뒤에, 비록 이성으로 알기 어렵지만, 합리적인 무엇이 있어야만 한다. 그래야만 자신의 생에 의미가 생긴다. 그렇게 본다면 에이허브의 광기는 비이성적인 광기가 아니라 이성의 광기인 셈이다. 궁극적인 진리를 탐구하고 발견하고 싶은, 이성의 광기.

그런 에이허브를 더 분노케 하는 것은 모비 딕이 쉽사리 진리를 드러내지 않는다는 점이다. 모비 딕은 "헤아릴 수 없는" 존재이기 때문이다.

《모비 딕》 제42장 〈고래의 흰색〉에선 모비 딕의 흰색이 가지는 상징성에 대해 다룬다. 모비 딕이 지닌 흰색이야말로 그 고래의 "헤아릴 수 없는" 신비에 대한 모든 것이다. 고래의 흰색에 대한 탐색은 에이허브의 것이 아닌 이슈마엘의 것이다. 즉, 이슈마엘이 보는 모비 딕이 가진 의미다. 이슈마엘은 모비 딕이 모든 사람에게 불러일으키는 공포에 대해 말하는데, 그 공포는 "너무 신비롭고 거의 말로 표현할 수 없는" 종류의 것이다. 그리고 그 공포의 근원이 바로 고래의 흰색이다. 이슈마엘은 흰색이 일반적으로는 고결하거나 우아한 것을 상징하지만, 모비 딕의 흰색은 "**가장 심오한 관념적 의미**"를 지닌다고 말한다. 그 흰색은 "공허한 공백이자 의미로 가득하고, 색이 없지만 모든 색이 합해진 무신론" 같다. 그 흰색에 비하면 눈에 보이는 형형색색의 세계 전체가 허위이고 껍데기일 뿐이다.

> "해 질 녘의 하늘과 숲의 감미로운 색깔이나 금박을 입힌 벨벳 같은 나비의 날개, 소녀들의 나비 같은 뺨, 이 모든 것은 교묘한 속임수일 뿐, 그것들에 내재한 것이 아니라 외부에서 주어지는 것일 뿐이다. 신격화된 '자연'은 매춘부처럼 짙은 화장으로 우리를 매혹하지만, 그 매력조차도 실은 그 속에 있는 납골당을 가리고 있을 뿐이다…. 이런 것들을 생각하면, 우주는 수족이 마비된 나병 환자처럼 무력하게 우리 앞에 누워 있다. … 이 모든 것의 상징이 바로 흰 고래인 것이다. 그래도 여러분은 이 광적인 추적을 의아하게 생각하겠는가."[54]

54 같은 책, 212쪽.

이런 생각은 마치 이슈마엘조차 에이허브에게 정신적으로 감염된 나머지 흰색이 가지는 상징성에 압도된 결과인 것처럼 보인다. 이슈마엘도 모비 딕의 흰색을 그저 알비노에 걸린 고래의 흰색이 아닌, 심오한 관념적 의미를 가진 어떤 것으로 인식하고 있는 것이다. 이는 결국 허먼 멜빌이 모비 딕과 모비 딕의 흰색이 가지는 상징성에 관해 얼마나 세심하게 설계하며 주의를 기울였는지를 보여주는 것이기도 하다. 허먼 멜빌이 이 고래의 흰색으로 드러내고자 한 것은 정말 무엇이었을까? 색이 없는 것이자, 동시에 모든 색이 합쳐진 색으로서 흰색. 그 흰색은 분명, 이 세계의 형이상학적 진실일 것이다. 형형색색으로 유혹하는 감각적인 현상 세계 너머에 혹은 아래에 존재하는 진짜 세계의 실상. 그렇다면 의미의 공백이자 의미의 과잉으로서 흰색이 갖는 "마법"은 무엇인가? 이슈마엘이 경악하는 건 바로 그 흰색이 갖는 의미의 "**불확정성**"이다. 그것은 매혹적인 다채로운 색깔 이면에 숨어 있는 납골당, 즉 죽음과 공허일까?

아마도 실마리는 모비 딕에겐 "얼굴이 없다"고 한 이슈마엘의 전언에서 찾을 수 있을지도 모른다. 그건 동시에 분신 이슈마엘을 통해 멜빌이 하고자 했던 말이기도 할 것이다. 향유고래인 모비 딕이 지닌 특별한 힘, 신성성은 《구약성서》에서 야훼가 모세에게 얼굴을 감춘 것과는 달리, 아예 얼굴이 없다는 사실에 있다.

> "위대한 향유고래의 경우에는 이마에 본래 갖추고 있는 높고 강력한 신 같은 위엄이 너무 크게 확대되어 있기 때문에, 그것을 정면에서 바라보면 살아 있는 자연의 어떤

> 대상을 볼 때보다 훨씬 강력하게 '신성'과 그 무서운 힘을 느끼게 된다. 그것은 향유고래의 이마에서 어느 한 점을 정확하게 볼 수 없기 때문이다. … 향유고래에게는 진정한 의미의 얼굴이 없다. 주름투성이 이마가 넓은 하늘처럼 펼쳐져 있을 뿐이다."[55]

얼굴의 부재. 부재하는 얼굴. 불확정적인 의미를 가진 흰색과 부재하는 얼굴의 결합. 휴버트 드레이퍼스는 이 부재하는 얼굴을 배후에 숨겨진 형이상학적 진리의 부재로 읽는다. "종이 가면 뒤에 얼굴이 숨어 있는 것이 아니다. 가면—피부, 주름진 이마—만이 거기에 있는 전부이다."[56] 가면으로 생각한 것이 가면이 아니라, 그게 실상의 전부라는 말이다. "표면적인 사건들 배후에 감춰진 우주에는 아무런 의미도 없으며, 표면적인 사건들 자체—모순되고 신비스럽고 다양한—가 의미의 전부라는 생각"[57]이 멜빌의 생각이라는 주장이다. 실제로 이슈마엘은 "아무리 고래를 해부해 보아도 피상적인 것밖에 알 수 없다"라고 말한다.

이런 휴버트 드레이퍼스적 관점에서 에이허브의 실패는 존재하지 않는 궁극적인 단 하나의 진리를 좇는, 그리고 이 세계가 마땅

55 같은 책, 379쪽.

56 휴버트 드레이퍼스 · 숀 켈리, 《모든 것은 빛난다》, 김동규 옮김, 사월의책, 2013, 288쪽.

57 같은 책, 같은 쪽.

히 그런 진리 아래 복속해야 한다고 믿는 "일신교적"인 이성의 광기의 실패다. 혹은 '이 세계의 진리는 이런 것이다' 식의 독단적 믿음의 실패다. 반면에 얼굴이 없는, 색의 공백이자 모든 색의 응결체인 흰색 모비 딕 고래가 상징하는 바는, 에이허브가 추구했지만 실패할 수밖에 없는 단일하고 확정적인 진리가 아닌 다른 무엇일 것이다.

휴버트 드레이퍼스에 따르면 모비 딕을 보는 멜빌의 시선은 니체적 관점주의를 따른다. 니체에 따르면 이 세계를 설명하는 궁극적 진리는 없다. 모든 것이 관점적 해석일 뿐이다. 설사 궁극적 진리가 있다고 해도 우리는 알 수가 없고, 그런 까닭에 무의미하다. 고래의 흰색이 색의 공백이자 모든 색의 응축인 까닭이 거기에 있다. 드레이퍼스는 세계를 보는 관점의 다양성과 그 다양성을 긍정하는 열린 관점을, 소설의 제85장 〈분수〉에서 묘사되는 고래의 물보라가 일으킨 무지개로 설명한다. 무지개를 이루는 각각의 색깔은 우주를 해석하는 수많은 다양한 관점을 말한다. 우리가 최대로 가질 수 있는 것은 그런 참된 관점들의 나열뿐이다. 따라서 에이허브가 현상세계 아래에 있을 거라고 생각되는 단일하고 심층적인 의미만을 추구하는 일신교적인 형이상학자를 상징한다면, 얼굴이 없는 모비 딕은 복수적 다신주의, 의미의 다양성과 개방성을 긍정하는 니체적 다원론자를 상징한다. 그것이 바로 '무지개색'의 고래 분수다. 무지개를 이루는 각각의 색깔은 우열 없이 다 같이 아름다운 수많은 참된 세계해석, 관점을 일컫는다.

한마디로, 에이허브는 존재하지 않는 허상을 좇는 게임을 벌이는 존재다. 모비 딕에게 어떤 **불가사의한 숨겨진 정체**, 본질이 있다고 멋대로 상정하곤 그걸 알아내고야 말겠다고 삶과 영혼을 갈아 넣는 인간. 부재를 부재로 인정하지 못하고, 그 부재하는 곳에 확고부동한 무언가가 반드시 존재해야만 한다고 믿고는, 자신이 상상으로 만들어 낸 허수아비 허상을 편집광적으로 추구하는 광기. 그것은 일종의 '**도착적인 나르시시즘**'이라고 볼 수도 있지 않을까? 자신을 숭고한 존재로 만들기 위해 숭고한 적이 반드시 있고, 있어야 한다고 믿는 나르시시스트. 그것은 지극히 불길하고, 궁극적으로 타자와 자신까지 함께 파괴하게 되는, 가장 위험한 광기다.

휴버트 드레이퍼스에 따르면 에이허브가 상징하는 것은 근대 서구 세계가 의존해 온 기독교적 일신론의 세계관이다. 반면에 모비딕이 상징하는 것은 다양한 존재 의미를 긍정하는 다신주의다. 이런 해석은 평범한 일상 속에서 잃어버린 고대 그리스적 성스러움을 되찾길 원하는 휴버트 드레이퍼스의 관점이다. 세상을 보는 관점들이 차이와 다양성을 민주주의적으로 긍정하자는. 그리고 현실과 동떨어진 초월적인 곳이 아닌 일상적인 생활세계 자체에서 성스러움과 행복을 발견해야 하며, 그것이 바로 멜빌의 관점이라는 해석. 멜빌의 문장은 이런 관점을 지지하는 듯이 보이기도 한다. 소설의 제94장에서 멜빌은 이슈마엘의 입을 빌어 이렇게 말하는 것이다.

> "나는 오랫동안 되풀이해 온 경험으로 어떤 경우든 자기가 얻을 수 있는 행복에 대한 개인적 기준을 결국에는 낮추거나 어떤 식으로든 바꾸어야 한다는 것을 알았다. 행복은 결코 지성이나 상상 속에 있는 것이 아니라 아내나

연인, 침대, 식탁, 안장, 난롯가, 그리고 전원 등에 있다."[58]

즉, 겸손하게 행복에 대한 기대를 낮추고, 소소한 일상적인 것들에서 행복을 구하라.

일상 너머에 감추어진 목적과 의미를 추구하는 대신, 일상 그 자체를 온전히 받아들여 그것을 선물로 받아들이는 능력. 휴버트 드레이퍼스는 멜빌 소설의 궁극적 "사악함"이 바로 그것이라고 본다. 멜빌의 소설은 서구 기독교적 일신교의 완고하고 독단적인 일신주의, 미국의 프런티어 정신으로 구현된 프로테스탄티즘에 반대되는 편에서 고대의 그리스적 다신교, 더 나아가자면 만물에 성스러운 정령이 깃들어 있다고 본 고대 세계의 애니미즘적인 관점을 주장한다는 것이다.

그러나 에이허브의 형이상학적 추구를 서구 기독교적 일신주의라는 종교적인 관점에서만 보는 해석에서는 한층 더 큰 무언가를 놓치고 있는 느낌이 든다. 기독교의 근본 사고들은 근대 휴머니즘 철학 속으로 고스란히 '변형된 형태'로 녹아들어 있기 때문이다. 오히려 에이허브는 종교적이라기보다는 지나칠 정도로 인간적이다. 그는 근대 휴머니즘이 추구하는 인간상, 즉 강인한 의지, 고난과 죽음을 두려워하지 않는 프런티어적 도전정신, 헤밍웨이가 《노인과 바다》에서 노인 산티아고로 하여금 드러내게 한, "인간은 파괴될지언정, 패배하지 않는다"라는 문장으로 압축되는 인간상의 한 극단적 형태

58 Herman Melville, 456쪽.

를 보여준다.

사실 서구 기독교는 철저하게 인간 중심적인 종교다. 인간은 신의 형상을 본떠 만든 유일한 존재이며 동시에 또 유일하게 '영혼'을 부여받았고, 동물들에게 이름을 지어주고 그들을 지배할 권리까지 부여받았기 때문이다. 근대가 인간과 자연을, 정신과 물질을 날카롭게 구별 짓고 인간을 물질적 자연을 초월하는 존재로 이상화한 것 역시 기독교의 유산일 뿐이다. 그리고 그것은 근대 자본주의와 끈끈하게 결합한 채, 서구는 비서구 세계와 지구 생태계 전체를 제국주의적으로 노예화하려는 정복적 확장주의를 추구해 왔다.

모험심과 호기심에 찬 허먼 멜빌이 포경선에 올라탄 후에 겪은 비인간적 대우와 차별, 혹독한 노역에 반발하여 남태평양의 타이피 섬에서 포경선을 탈출하여 섬의 원주민들 속으로 들어갔을 때, 그가 발견한 것이 바로 서구인들의 편견이었다. 당시 서구 백인들은 비백인들, 남태평양의 섬 원주민들은 모두 "야만인"이거나 "식인종"이라는 편견과 선전으로 침략을 스스로 정당화해 왔다. 그러나 멜빌이 직접 겪고 함께 지내면서 알게 된 진실은 그것이 아니었다. 멜빌은 그들이야말로 순수하고 인간적이며, 서구인들이야말로 오만과 독단, 약탈적 의지만 가득한 위선자들이라는 걸 깨달았던 것이다. 멜빌의 그런 관점은 《모비 딕》에서 남태평양 원주민 출신 퀴퀘그와 가장 속 깊은 우정을 나누는 주인공 이슈마엘의 모습에서도 잘 나타난다.

한마디로, 멜빌은 기독교에 바탕을 둔 근대 서구 휴머니즘이 가진 독단과 위선, 그것의 제국주의적 본성인 인간 중심적 확장주의, 타자에 대해 권력을 쥐고 지배하려는 태도를 에이허브라는 캐릭터를 통해 극단적으로 그려 보였던 것이다. 그래서 멜빌은 자기 책이 그들의 관점에선 "사악한 책", 악마적인 책으로 보일 수도 있음을 명확하게 자각했다는 고백을 호손에게만 은밀하게 털어놓았던 것이다.

《모비 딕》은 그래서 도발적인 책이다. 현재의 시점에서도 여전히 그렇다. 우리는 아직도 멜빌이 도발한 바로 그 세계에서 아직 살고 있기 때문이다.

적어도 내겐 에이허브가 사도 바울의 얼굴이 아니라, 사도 바울과 데카르트의 얼굴이 합쳐진 얼굴로 보인다.

18장 간절곶

서기 2000년 1월 1일 오전 7시 31분, 한국에서 새천년의 태양이 가장 먼저 떠오른 곳, 그곳이 바로 울산 간절곶이다. 바로 그 시각, 저마다 소망을 품은 수많은 사람이 이곳 간절곶을 찾아 새천년을 알리는 첫 태양 앞에 마주 섰으리라.

그 소망들은 다 어떻게 되었을까?

새천년이 시작되던 그 해에, 나는 무슨 소원을 빌었을까?

21세기도 결코 평화롭지 못하리란 걸 예감케 했던, 2001년 9월 미국 9 · 11 사태의 기억이 너무 강렬했던 탓인지, 서기 2000년 첫날의 기억은 기억의 책에서 하필 그 페이지만 싹 찢어버린 것처럼 텅 빈 느낌일 뿐이다. 혹은 나는 그때 아무런 간절한 소망이 없었던 것일까? 혹은 별로 간절하지도 않은, 허투루 하는 농담 같은 소망을 떠벌리고 말았던 것일지도 모른다.

하지만 막상 간절곶에 당도하여 간절곶이란 이름이 간절함과는 무관한 이름이란 걸 깨닫고는 그만 피식 웃고 말았다. 간절곶의 '간절' 이라는 이름의 기원은 이곳 어부들이 먼바다에서 여기를 바라보면 마치 과일을 딸 때 쓰는 대나무로 만든 뾰족하고 긴 장대인 간짓대를 연상케 한다는 데서 유래되었다고 한다.

그럼에도 간짓대와 한자어 간절艮絕은 도통 연결이 되지 않았다. 간짓대를 '간절' 이라는 한자어로 번역한 선조들. 이름의 유래를 좀 더 찾아보니, 무릎을 칠 만하다. 그 '간절' 의 간艮은 간방을 뜻한다. 그것은 간괘艮卦로, 《주역》 팔괘의 하나를 일컫는다. 그 글자는 공간적으로는 동북 방향을 가리킨다. 밤새 달려온 달이 쉬고 해가 활동을 시작하려는 곳. 그래서 혹자들은 이 간艮을 날 일日과 근본 저氐의 합성어로, 일출지근日出之根, 즉 해가 뜨는 근원 자리를 뜻한다고도 본다. 또한 간괘를 시간적으로 보면, 하루가 끝나고 새로운 하루가 시작하는 시간으로 새롭게 해가 열리는 새벽이다.

한마디로 간절艮絕이라는 한자어는 간절곶의 의미, 즉 땅끝이자 해돋이 장소임을 정확하게 표상하고 있지 않은가? 간짓대와 간절, 이 미묘한 의미의 틈새, 그 비스듬하면서도 묘하게 어울리는 불협화음 속에서 느껴지는 조화 같은 느낌이 절로 감탄을 자아냈다.

마치 남녀가 다른 성이면서도 인간이라는 한 종에 포용되듯이.

인간과 고래가 전혀 달라 보이지만, 배를 앓아 새끼를 낳고 젖을 먹여 키우는 포유류라는 점에선 형제라고 할 수도 있는 것처럼.

그런 상상을 하며 걸음을 옮겨 간절곶 등대에 도착했다. 코로나19의 여파로 등대 내부 시설들은 여전히 임시 폐쇄된 상태라 바깥을 둘러보는 걸로 만족해야만 했다. 간절곶 등대 공원 정문을 지나니 위쪽에 흰색 등대가 우뚝 서 있다. 그런데 등대 앞쪽 마당에 낯설게 생긴 청동상이 하나 보였다. 서로 약간 떨어진 직사각형으로 생긴 받침대 위에 두 다리를 벌린 채 꼿꼿이 선 자세인데, 오른쪽 손은 번쩍 들어 횃불을 높이 치켜들고 있다. 서 있는 품새가 조금은 우습기도 하고, 도대체 누구인지 궁금하여 가까이 다가가 내력을 읽어 보았다.

그 상은 그리스 신화에 나오는 태양신 헬리오스를 형상화한 조각이었는데, 기원전 3세기경 지중해의 로도스섬 입구에 높이 30미터에 달하는 거대한 모습으로 서 있었다는 청동 조각상을 조그맣게 재현한 것이었다. 그러고 보니 등대 탑 주위엔 뿔나팔을 부는 인어가 조각되어 있기도 했다. 부산 영도에 있는 등대 앞에도 뱃길을 인도하는 인어 조각상을 본 듯한 기억이 났다.

등대 앞의 헬리오스 상이 두 다리를 벌리고 서 있는 까닭도, 전설의 로도스섬 청동 조각상이 항구의 입구 양쪽에 두 다리를 딛고 서 있었다는 전설에 기인한 것이었다.

로도스섬에 있었다는 그 청동상은 정말 높이가 30미터나 되는 것이었을까? 로도스섬의 헬리오스 상은 승전 기념탑이기도 했다. 마케도니아의 안티고노스 왕조 안티고노스 1세의 침공을 막아낸 후 승리를 기념하며 수호신 헬리오스의 상을 조각한 것이었다. 대략 기원전 280년경이었다. 헬리오스 청동상은 완공된 지 56년이 지난 기원전 224년에 지중해 동부를 강타한 지진으로 쓰러지고 말았다.

먼 지중해에 위치한 섬의 수호신이었던 헬리오스가 지금 동북아시아의 끝, 한반도의 한 땅끝 등대 앞에 서 있다는 사실은 나에게 묘한 이질감을 느끼게 했다. 지중해 바다 그리스의 신이 이곳까지 와서 이 땅을, 이 항구를 지켜줄 것인가?

일제는 한때 간절곶 이름조차 바꾸어 버린 적이 있다. 고유어인 '곶'을 한국 한자로 적기 위하여 한자 '관串' 자를 빌려 쓰되 그 음은 고유어 발음을 따라 '곶'이라 한 것인데, 일제는 고유어를 지워버리려 의미가 비슷한 '갑岬' 자로 바꾸어 간절갑으로 부르게 하는 수모를 가했던 것이다. 땅의 창씨개명이었다.

그 순간에 영국의 제국주의자 세실 로즈Cecil John Rhodes를 떠올린 건 자연스러운 것이었으리라. 그는 대영제국의 아프리카에 대한 식민화 정책, 일명 '아프리카 종단 정책'을 주도한 인물이다.

1892년 영국의 잡지 《펀치Punch》가 실었던, '로즈 콜로서스The Rhodes Colossus'라는 제목의 유명한 풍자 만평이 있다. 그 만평은 영어로 지명 로도스Rhodes와 인명 로즈의 철자가 동일함을 이용하여, 세실 로즈가 당시 아프리카 종단 정책의 일환으로 발표했던, 아프리카의 케이프타운에서 카이로까지 전신선을 연결한다는 계획을 조롱한 것이었다. 라틴어 콜로서스는 '거대한 상'이란 뜻이다. 로도스섬의 헬리오스 상을 차용한 그 만평에서, 세실 로즈는 두 발을 각각 이집트 카이로와 남아프리카의 케이프타운에 걸치고 있고, 손에는 전신선을 잡고 있다. 그 만평은 아프리카 전체를 대영제국의 식민지로 삼고 싶어 했던 세실 로즈의 제국주의적 야욕을 비판적으로 풍자한 것이었다.

세실 로즈라는 이름은 '로즈 장학금'의 이름으로 잘 알려져 있었지만 최근에 와서는 제국주의 시대의 대표적인 제국주의자이자 백인 우월주의자, 우생학을 열렬히 지지한 인종 차별주의자로 더 자주 거론되고 있다. 앵글로색슨족이야말로 가장 우수한 인종이고, 지

만평 '케이프타운에서 카이로까지 발을 걸치고 선 세실 로즈Cecil Rhodes striding from Cape Town to Cairo'.
출처: 위키피디아

구 전체가 앵글로색슨족에게 지배되는 것이 인류의 행복으로 연결된다고 굳게 믿었던.

영국과 영국인 세실 로즈가 남아프리카에서 자행한 착취와 수탈, 강제노동, 고문 및 학살은 일본 제국주의가 한반도에서 자행했던 그것과 다를 바 없었다. 그는 영국의 이토 히로부미였다.

세실 로즈는 젊은 시절 남아프리카로 건너가 광산업에 종사하기 시작한 후, 한때 세계 다이아몬드 생산의 90퍼센트를 독점할 정도로 크게 성공했다. 그는 곧 세계 최대의 광산 재벌이 되었고, 야심이 너무 컸던 나머지 정계에도 진출, 1890년엔 마침내 현재 남아프리카 공화국의 전신인 당시 케이프 식민지의 총리 자리에도 올랐다.

그러나 그의 야심은 끝이 없었다. 그는 현재 잠비아와 말라위, 짐바브웨 영토인 중앙아프리카의 거대한 영토를 영국 식민지로 병합하고는 자신의 이름을 따서 로디지아Rhodesia, 즉 '로즈의 땅'이라고 명명했다. 그는 로디지아 왕국의 왕이나 다름없었다. 또 1880년부터 시작되어 1902년에 가서야 최종적으로 끝나는 남아프리카 전쟁, 즉 과거 '보어전쟁'이라고 불린 전쟁에도 적극적으로 참여하였다. '농부'를 뜻하는 보어Boer라는 단어는 아프리카 남단 희망봉에 있던 네덜란드 동인도 회사 정착민들의 네덜란드계 후손들을 가리키는 말이었다. 전쟁이 발발한 이유는 복잡하지만, 가장 결정적인 원인은 금광을 둘러싼 영국과 보어인들 간 갈등이었다. 영국은 그 수익성 좋은 사업을 빼앗고 싶은 욕심에 결국 보어인들이 차지하고 있던 나라들을 공격하기 시작한 것이었다. 그 잔혹하고 끔찍했던 전쟁은 유럽 백인 제국주의 국가들 간 전쟁, 즉 "백인들 간 전쟁"이었다. 그들도 그 사실을 잘 인식한 터라 아프리카인들이 전쟁을 이용해 무장하게 되는 걸 처음엔 두려워하기까지 하였다. 그러나 보어인들의 저항을 완벽하게 봉쇄하기 위해 동원한 영국의 소위 '초토화 작전Scorched Earth'은 보어인들뿐만 아니라 무고한 아프리카 원주민들까지 크게 희생시키는 결과를 초래했다. 원주민 농장들은 불살라지고 가축은 무참하게 도살되었으며 여성과 어린이들까지 포함한 민간인들도 모두 강제로 집단수용소에 갇혀야만 했는데, 그 과정에서 일어난 고문, 기아, 질병 등으로 수만 명이 사망하고 말았다.

세실 로즈와 아프리카 역사를 생각하면 마음이 절로 무거워진다. 지금도 계속되는 아프리카 대륙의 비극엔 영국, 벨기에, 프랑스 등 유럽 국가들이 수백 년간 자행한 제국주의적 착취가 남긴 그림자가 길게 드리워져 있다. 유럽 계몽주의는 휴머니즘을 떠벌렸지만, 그들이 말한 소위 '휴먼human'은 오직 유럽-백인-남성을 지칭했을 뿐이다. '아파르트헤이트'라는 이름으로 잘 알려진 흑인 차별과 분리 정책이 공식 폐지된 것도 1994년이나 되어서였다.

유럽-백인 중심 인종 차별주의, 백인 중심 세계질서에 대한 구상은 세실 로즈가 공공연하게 표방한 것이었다. 세실 로즈는 1877년에 미리 작성한 유언장에서 전 세계를 영국의 지배 아래 둘 비밀 결사에 대한 아이디어를 제안하기도 했다. 그는 중국, 일본, 모든 아프리카 및 남미, 그리고 실제로 미국을 포함하여 전 세계적으로 영국 통치를 확장하기 위해 비밀 결사를 구상했다. 그는 일본 제국주의가 내세운, 일본 중심의 식민지 확장 구호였던 '대아시아 공영권Greater East Asia Co-Prosperity Sphere'을 연상시키듯 이렇게 썼다.

> "비밀 결사단의 설립, 촉진 및 발전을 위한 진정한 목표와 목적은 전 세계에 걸쳐 영국 통치를 확장하고 영국으로부터 이민 제도를 완성하며 영국 속민에 의한 식민화를 이루는 것입니다."[59]

영국, 독일, 프랑스, 미국, 일본 등 나중에 양차 세계 대전을 일으키며 대량 인명 살상 전쟁에 참전한 이들 국가들은, 세실 로즈가 그랬던 것처럼 저마다 자국 중심의 세계 정복을 꿈꾸고 있었다.

잠시 시야가 뿌옇게 흐려지는 기분이 들었다. 지배와 정복, 제국주의, 착취, 약탈, 학살, 전쟁, 인종 차별, 탐욕적 확장주의, 이런 것들을 인류 역사에서 모두 제거하고 나면 과연 무엇이 남게 될까? 이 반대편 빈칸을 채워 줄 아름다운 단어들은 어디에 있는가?

등대를 떠나면서 고개를 돌려 다시 한번 헬리오스의 조각상과 주변을 바라보았다. 로도스의 헬리오스, 뿔나팔을 부는 인어들. 주변에 장미꽃은 보이지 않는다는 사실에 작은 위안을 받으며, 나는 아래쪽 잔디가 넓게 깔린 바닷가를 향해 천천히 걸음을 옮겼다.

---

59 Michael Howard, *The Lessons of History*, Yale University Press, 1992, 66쪽. Wikipedia 재인용.

19장 멜빌의 바다, 우리의 바다

"바다는 인간을 포함하여 지구 동물의 모든 몸을 통해서
— 우리의 피, 뼈, 세포의 원형질 속에서— 출렁이고 있다."
- 스테이시 얼라이모, 《노출》 중[60]

나는 등대를 떠나 소망 우체통과 간절곶 표지석이 있는 곳으로 내려갔다. 진녹색 잔디가 깔려 있고, 근처엔 앙증맞게 생긴 풍차도 보였다. 가벼운 파도가 해변의 바위들을 어루만지듯 다가왔다 천천히 물러나고 있었다. 하늘엔 게으른 구름이 천천히 몸을 뒤척이고, 햇살은 쨍쨍했다. 마음속에 무겁게 고여 있는 더께를 걷어가듯 청량한 바람이 내 몸을 쓰다듬으며 돌아갔다. 주변엔 사람들도 거의 보이지 않았다. 코로나19가 아니었다면 제법 많은 관광객이 이곳을 찾고 있었으리라. 바다 앞에 서면 나는 늘 마음이 평온해지거나 행복해졌었다.

60 스테이시 얼라이모, 《노출: 포스트휴먼 시대 환경 정치학과 쾌락》, 김명주 외 옮김, 충남대학교출판문화원, 2023, 185쪽.

헤아려 보면 사실 바다에 대한 나의 동경은 꽤나 오래된 것이었다.

내륙 깊은 곳의 갑갑한 작은 도시에서 태어나고 자란 탓인지, 어린 시절부터 바다는 아득한, 정체를 알 수 없는 기이한 향수를 불러일으키는 대상이었다. 생애 처음으로, 혼자 힘으로 집을 멀리 떠나본 것도 오직 바다를 보고 싶다는 열망 때문이었다.

초등학교 3학년 여름방학 어느 날이었다. 마치 이번 여행이 그랬던 것처럼, 정말로 뚜렷한 동기도 없이, 마치 세이렌의 마법 같은 노래에 이끌려 바다로 뛰어든 오디세우스의 선원들처럼, 나는 아버지의 자전거를 몰래 훔쳐 타고선 무작정 경주와 포항 어딘가에 있다는 동해 바다를 향해 달리기 시작했었다. 요즘처럼 스마트폰이나 길을 안내해 줄 지도도 없이, 국도를 따라 계속해서 달리면 언젠간 바다에 당도할 거라는 막연한 믿음에만 의지하여 자전거를 타고 달리고 또 달렸다.

수십 킬로미터나 떨어져 있는 바다까지 자전거를 타고 간다는 게 얼마나 고된 일인지조차 몰랐던 어린 내게, 그 길은 지나치게 고된 행군이었다. 주머니엔 겨우 빵조각 하나 사 먹을 돈밖에 없었다. 도중에 너무 목이 마른 나머지 국도변 논의 물을 벌컥벌컥 들이키기도 했다. 몇 번이나 중도에 포기하고 싶을 정도로 지치고 다리도 아파왔지만, 기이한 열기에 휩싸인 나는 꾸역꾸역, 때론 자전거에서 내려 자전거를 끌고 가면서도 계속 나아갔다. 결국 이른 아침에 출발해서는 거의 오후가 되어서 경주 감포 해수욕장 바다에 당도할 수 있었다. 바다를 보자마자 미친 듯이 환호하며 소리를 외쳤다. "바다, 바다야, 바다!" 나는 처음으로 바다의 짠내를 맛보았고, 바다에 발을 담가 보았고, 끝없이 펼쳐진 바다를 보면서 하염없이 앉아 있었다. 그 여행은 내 인생 최초의 작은 모험이었다. 포기하지 않으면 결국 해낼 수 있는 의지의 힘을 처음으로 깨달았고, 그 작은 모험으로 인해 온 세상의 바다가 마치 나의 것이 된 양, 말로 표현할 수 없는 자부심 가득한 긍지를 품고 돌아왔다.

지칠 대로 지친 몸으로 집에 돌아왔을 때는 여름의 늦은 밤이 먼저 도착해 있었다. 하루 종일 사라졌던 이유를 다그쳐 묻는 부모님께 바다에 갔다 왔노라고 답하지 않았던 것도, 그 작은 모험을 오직 나만의 것으로 간직하고 싶었기 때문이었다. 그날 이후 내 영혼 속엔 늘 푸른 바다가 넘실댔다. 바다에서 수많은 고초를 겪은 뱃사람들이 다시, 또다시 바다를 찾듯, 무시로 훌쩍 바다를 향해 떠나야만 하는 야릇한 향수도 그때부터 생긴 것이리라.

나는 어느 커다란 바위에 걸터앉았다. 파도에 검게 적셔지고 있는 바위들과 윤슬이 반짝이는 먼 동해 바다를, 추억에 물든 흐린 눈으로 한참 동안 바라보았다. 불현듯 마치 신기루처럼 가물거리는 한 척의 배가 보였다. 어쩌면 고기잡이배인지도 몰랐다. 먼 옛날엔 저 작은 배가 떠 있는 바다로 돌고래며 귀신고래들도 지나다녔을지도 모를 일이다. 7,000~8,000년 전 신석기인들은 통나무배에 목숨을 의지한 채 고래와 사투를 벌이기 위해 바로 저 바다로 나아갔을지도 모른다. 동물 털가죽 옷에 사슴뿔로 만든 작살을 굳게 손에 쥐고 흥분과 긴장으로 떨리는 심장으로 고래를 향해 다가갔을, 나처럼 피와 살과 뛰는 심장을 가진 인간의 형상을 한 어떤 사람들을 상상해 보려 애썼다. 누군가의 아버지 혹은 아들이었을 싱싱한 육체들을. 작살이 꽂힌 고래가 몸부림치며 수면 아래로 내려가 달아날 때, 그 육체들까지 바다로 끌려 들어가 자칫하면 죽을 위험에 처하는 일은 얼마나 다반사였을까? 생과 사가 교차했을 그 위험천만한 공포의 순간들을, 그들은 어떤 강건한 용기와 힘으로 버텨냈을까? 그러나 지금의 나로선 전혀 가늠할 수조차 없다. 죽음 앞에 목숨을 담보로 내걸지 않는 모험은 진정한 모험이랄 수 없다.

나는 신화 속의 위대한 모험들을 떠올려 본다.

무서운 용이 지키는 황금 양털이 있는 콜키스를 향해 떠난 아르고호의 이아손이 겪은 모험, 혹은 오디세우스가 십여 년에 걸쳐 바다를 헤매면서 외눈박이 괴물 키클롭스나 스킬라도 만나고, 들르는 나라들과 피 흘리는 전투도 치르고, 마녀 키르케와 칼립소와도 조우해야 했던 그런 모험극들. 바다는 얼마나 많은 영웅들의 능력과 한계를 시험하던가!

아마 바다는 그런 모험을 할 용기를 가진 자들만을 바다의 사람으로 받아들이는지도 모른다. 동시에, 그런 죽음의 모험마저 감당할 힘을 가진 자만이 진정으로 바다를 사랑하는 것이리라. 아름답지만, 무서운 죽음까지 품어 안고 있는 바다. 기실 거대한 바다는 얼마나 무섭고 위험천만한 존재인가? 바람에 일렁이며 무시무시한 높이로 솟구치는 파도, 해일, 모든 것을 쓸어버릴 정도로 거센 바람, 번개와 폭우, 그 아래서 마치 휘몰아치며 내려오는 계곡물에 떠밀려 내려가는 나뭇잎처럼 휩쓸리고 요동치는 배들. 나는 오래전 제주도에 잠깐 머물 때 만났던, 태풍 불던 밤에 본 그 공포스러운 바다를 떠올렸다. 칠흑 같은 밤, 바닷가에서 백여 미터도 떨어지지 않은 마을에서 맞았던 태풍과 파도의 위력은 내게 우주적 공포를 연상시켰다. 러브크래프트의 소설에 나오는 우주적 공포의 괴물 크툴루 앞에 선 듯한. 그때 얼마나 두려움에 떨었던가? 그렇다면 고작 20대 초반이던 허먼 멜빌이 포경선을 타고 태평양 바다를 나아가고 있었을 때, 그는 얼마나 자주 그런 공포에 직면했었을까? 너무 큰 두려움에 어쩌면 미쳐버릴 수도 있지 않았을까.

물론 멜빌은 바다를, 그가 소설의 한 장을 굳이 할애하여 태평양 바다에 관해 이야기할 정도로 "동경하던 태평양", "신비롭고 신성한 태평양"이라고 부른 바다를 사랑했다. 그가 모험심과 호기심에 가득 찬 열정으로 바다로 나아갔던 것은 사실이다. "태평양은 세계의 모양을 구획 짓고, 모든 해안을 자신의 만으로 만들며, 그 파도 소리는 지구의 심장이 뛰는 소리처럼 들린다. 그 영원한 파도에 흔들리는 자는 유혹하는 신에게 순종하여 목신 판 앞에 고개를 숙일 수밖에 없다."[61]

평소에 고요하고 드넓게 펼쳐진 바다는 사람의 마음속에 어떤 낭만적인 감회를 불러일으키기도 하지만, 멜빌은 바다가 가진 양면성을, 바다가 지닌 가공할 힘을 외면하지 않았다.

나는 허먼 멜빌이 이슈마엘의 목소리를 빌어 인간 문명과 바다를 대비시켰던 문장을 기억한다.

61 Herman Melville, 525쪽.

“젖먹이나 다를 바 없는 인간이 제아무리 자기 학문과 기술을 자랑하며, 으쓱거리게 될 미래에 학문과 기술을 놀랍도록 발전시키게 될지라도, 저 바다는 영원토록, 최후의 심판이 닥칠 그날까지, 인간을 모욕하고 살해할 것이다. 나아가 제 아무리 위풍당당하고 튼튼한 함선을 만들더라도 가루로 만들어 버릴 것이다. 그럼에도, 진보한다는 느낌이 반복되면서 인간은 바다가 태초부터 가지고 있는 완전한 공포감에 대한 감각을 잃어버렸다.”[62]

허먼 멜빌은 강철로 만들어진 거대한 산 같은 대형 크루즈를 타고 태평양을 유유자적하며 낭만적인 여행을 한 것이 결코 아니었다. 그는 에식스호를 박살내 버린 바다의 무서움이 어떤 종류의 것인지, 날것 그대로의 감각을 몸소 겪었다. 무심하고 비정한 바다, 삶과 죽음이 무시로 갈마드는 그 끝없는 순환의 흐름, 거대한 입을 벌려 단숨에 배와 선원들을 잡아먹는 바다의 무서움. 그리고 허먼 멜빌에게 그런 바다의 비밀스럽고 성스러운 힘의 집약, 상징, 인격화가 바로 모비 딕이라는 이름을 가진 향유고래였다.

사실 멜빌은 바다에 대한 의인화를 서슴지 않으며, 바다가 가진 악마적일 정도로 무서운 면을 상기시키기를 멈추지 않는다. “무시무시한 바다가 푸른 육지를 둘러싸고” 있고, 바다는 “오직 자신의 자비, 자신의 힘만으로 스스로를 다스린다”거나 “바다는 스스로를 잡

62 같은 책, 298쪽.

아먹는다. 바다의 모든 짐승들은 서로를 잡아먹으며 천지개벽 이래 끝나지 않는 전쟁을 벌인다"는 등의 표현들이 그 예다. 이 표현들은 멜빌의 문학적 수사의 전략일 수도 있지만, 실제 바다의 생생하게 살아 있는 힘을 체험한 그에게 그런 표현들은 단순한 문학적 비유 이상인 어떤 것이었다. 멜빌에게 바다란, 마치 모비 딕 고래 자체인 양, 살아서 펄떡이고, 요동치고, 무수한 생명들을 낳고 기르고는 다시 죽음으로 거두어들이는, 살아 움직이는 거대한 생명체와도 같은 존재였다. 살아 숨 쉬는 바다. 그리고 바로 그런 바다에 위대하고 경이로우며 공포스러운 존재인 모비 딕이 살아 존재하고 있었다.

나는 문득 하나의 질문을 떠올렸다. 바다가 된다는 건 어떤 느낌일까? 고래가 된다는 건 또 어떤 느낌일까? 우리는 정녕 바다가 된다거나 고래가 된다는 그 생생하고 살아 있는 1인칭의 느낌엔 결코 도달할 수 없다. 어떤 바다학도, 어떤 고래학도, 바다와 고래에 관한 지식이 산더미처럼 쌓인들, 우리는 결코 바다가 되고 고래가 되어 존재하는 실제 경험엔 도달할 수 없다. 그런 생각은 나를 울울하게 만들었다. 그 다가갈 수 없음이, 영원한 분리가, 마치 사랑하는 사람이 바로 눈앞에 있는데도 나와 그 사람 사이에 투명하지만 두꺼운 유리 벽이 있어 만질 수도, 목소리를 전달할 수도 없는 상황처럼 느껴진 탓이었다. 하지만 진정으로 사랑하고 존중하는 마음으로 다가간다면, 내가 나의 다름을 존중받길 원하듯이 그들의 다름을 존중하며 다가가기만 한다면, 상황이 달라질 수 있을까?

안타깝게도 허먼 멜빌 같은 뱃사람이 아닌 우리에게 바다는 너무 넓고, 너무 멀고, 우리의 일상생활과 너무 동떨어져 있다. 그저 육지를 둘러싸고 있는 푸른색을 띤, 낯설고 무섭고 무한하게 거대한 소금물 덩어리인 바다. 이런 바다의 추상성, 거리감 때문에 인류는 그간 바다를, 무엇이든 버려도 되는 장소, 끝없이 솟구치는 샘물처럼 생선으로 식탁에 오르게 될 물고기들이 무한정하게 살고 있는 장소, 혹은 낭만적인 여행을 즐길 장소로만 여길 수 있었다. 지구의 뭍에서 살고 있는 모든 생명의 근원이 바다였다는 사실, 우리 몸 자체도 여전히 태곳적 바다의 원형질로 구성되어 있다는 명백한 사실조차도 아무런 감흥을 불러일으키지 못하는지도 모른다.

나는 눈을 들어 아직 윤슬이 반짝이는, 끝도 없이 펼쳐진 바다와 그 위에 간간이 흰 구름이 떠다니는 하늘을 바라보았다. 저 하늘과 바다에 비하면 나는 얼마나 작은가. 저 장대함과 장엄함, 경이에 비한다면, 나는 내 발밑으로 밀려와 바위에 부딪다 다시 거대한 바다로 스러져가는 파도의 끄트머리에서 흩날리는 물 한 방울에 지나지 않는다. 아마 허먼 멜빌도 거대한 태평양 바다 위에서 그런 감정을 너무나 자주 느꼈으리라. 아니, 바다에 대한 그의 겸허함은, 또 그가 자연에 대한 인간의 오만에 대해 그토록 강하게 경고할 수 있었던 건, 어쩌면 그 자신은 이미 바다의 일부가 되어 있었기 때문일지도 모른다. 그리고 우리 자신도, 바다에서 태어나 자라 이젠 뭍에서 살고 있는 우리도 실은 바다의 일부이며 바다와 분리 불가능한 존재들이라는 사실을 깨달을 때, 그런 멜빌적인 겸허함에 이르게 될지도.

20장 지관서가止觀書架

2022년 가을, 나는 울산 장생포를 다시 찾았다. 코로나19 시기에 찾았던 첫 번째 방문 때는 주요 시설들이 폐쇄 상태여서 둘러보지 못했고, 그래서 자료조사가 너무 미비하단 생각이 꺼림칙하게 남아 있었던 탓이다.

장생포 고래문화특구 일대는 처음 방문 때보다 훨씬 더 활기가 있어 보였다. 고래박물관 뒤편 고래문화마을도 다시 관람객들에게 개방되고 있었다. 박물관과 고래생태체험관, 고래문화마을 주변을 장난감처럼 보이는 작은 모노레일이 달리고 있었다. 고래문화마을은 1960~1970년대 장생포가 포경산업으로 활기찼던 장소들을 재현해 놓고 있었다. 커다란 고래 한 마리가 지붕 위에 조각되어있는 매표소를 지나니 복고 감성을 자극하는 거리와 건물들이 보였다. 초등학교 교실, 고래막집이란 간판을 단 술집, 버스 정류장, 서점, 다방, 문방구, 우체국들이, 아주 어린 시절 살던 시골 마을에서 보던 듯한 추억 어린 모습들을 하고 있었다. 포경과 관련된 전시물들도 이곳저

곳에 배치되어 있었다. 로이 앤드루스의 집, 포수의 집, 선장의 집 들엔 그 시대 포경 관련 사진들, 고래잡이 작살, 크고 작은 기구들과 유물들이 전시되어 있었다. 관람객들은 검은색 교복으로 갈아입고 포즈를 취하며 사진을 찍거나 이곳저곳을 드나들며 신기한 구경거리라도 만난 듯 재잘대고 있었다.

마을 뒤쪽 편엔 잡은 고래를 해체하는 장면을 사실적으로 재현해 놓은 조각물도 있었다. 여기저기 살이 찢어진 고래를 해체하는 장면은 실제가 아님에도 마음이 곤혹스럽고 서늘해졌다. 살아 펄떡이는 고래를 잡기 위해 저토록 많은 기계장치들이 동원되고, 영문도 모른 채 포경선에서 날아온 강철 작살들에 살과 피부가 찢겨나가며

고래 문화 마을에 전시 중인 포경 관련 기구들. 필자 촬영.

죽어야만 하는 고통을 겪었을 고래들. 과거 포경이 합법적이던 수백 년 동안 바다는, 고래들에겐 차라리 악몽 같은 아우슈비츠가 아니었을까. 이 장소에서, 이 모든 풍경이 과거의 비릿한 포경의 영광을 기념하고 추억할 뿐 정작 그 희생자인 고래들은 여전히 인간들이 기념하는 포경산업의 추억 뒤에 가려지고 있다는 씁쓸한 생각을 하게 되는 건 나만의 유별난 감상이었을까.

어지러운 상념에서 빠져나오듯 그곳을 돌아 나와 해변을 따라 조성된 좁은 도로를 따라 걸었다. 이윽고 나는 '장생포 마을 이야기길' 이라는 골목길 입구에 당도하게 되었다. 그 골목길이야말로 1970년대까지 실제로 포경업에 종사하던 선원들과 가족들이 거주하던 골목길이었다. 지금은 골목골목 벽마다 과거를 회상하는 여러

'장생포 마을 이야기길'에서 만날 수 있는 벽화. 필자 촬영.

가지 다채로운 벽화들이 그려져 있고, 마을 주민들이 사용하던 우물도 보존되어 있었다. 천천히 좁은 골목길을 걷다가도 어쩔 수 없이 다시 장생포 포경 마을의 굴곡진 역사를 음미할 수밖에 없었다.

과거를 보존하고 재현하는 작업, 즉 과거 포경산업 시대를 기념하고 추억하고, 나아가 그것을 관광상품으로 만드는 것엔 어떤 의미가 있을까? 이는 마을이 자부심을 가질 자격이 있고 영구히 기억해야만 할 자랑스러운 역사인가? 아니면 그 시대의 맥락에서 좋건 싫건 마을 사람들이 생존과 번영을 위해 뛰어들 수밖에 없었던, 녹록지 않았던 삶의 실제 모습과 역사를 드러내면서 오늘날 고래라는 동물과 포경이 갖는 의미를 성찰적으로 반추하려는 노력일까?

가난한 포구 마을. 거친 바다와 풍랑 거센 파도, 이 모진 생의 가파름과 진부함을 소금기 진한 피와 땀으로 겪어내야만 했을 뱃사람들의 노고를 감히 어떻게 가볍게 여길 수 있겠는가? 억척스럽게 영위해 가야만 했던 생의 절박함을 어떻게 오늘의 잣대로만 이러쿵저러쿵 할 수 있겠는가? 그들의 소박함과 진실된 삶의 모습들을, 골목길에 곳곳에 그려진 벽화로, 고래문화마을에서 보았던 낡은 옷가지들로도 충분히 가늠할 만하지 않았던가? 허먼 멜빌조차도, 소설에서 고래잡이의 영광과 자부심에 관해 얼마나 장황하게 이야기하던가. 그는 고래잡이 회원 명부에다 페르세우스며 헤라클레스, 요나, 인도의 비슈누까지 가입시켜 나를 슬며시 웃게 하지 않았던가?

벽화에 그려진 무거운 짐을 머리에 진 여인의 그림을 보며, 일제 강점기부터 고래에 기대어 악착스레 생계를 꾸려 갔을 이 마을 사람들을 아프게 떠올리지 않을 수 없었다. 나는 천천히 골목길을 빠져나와 다시 아스팔트 거리를 걸어 박물관 반대편으로 걸어갔다.

오후 늦은 시간, 그래도 아직은 햇볕이 제법 따가운 거리를 땀을 훔치며 느릿느릿 걷다가 거리 끄트머리에서 거대한 성냥갑을 세워 놓은 듯한 잿빛 건물을 발견했다. 그 건물 외벽엔 새끼 고래를 등에 업고 있는 커다랗고 푸른 고래가 헤엄치는 모습이 벽 전체를 채울 정도로 크게 그려져 있었다. 건물 가까이 다가가 보니 입간판에 '장생포 고래문화 창고'라고 적혀 있었다. 첫 번째 방문 땐 보지 못했던 시설이었다. 의아했다. 내가 그땐 보지 못하고 놓친 걸까? 건물로 들어가 보니 사정을 알 수 있었다.

그 건물은 원래 어류 보관용 냉동창고로 사용되었던 냉동창고 건물이다. 1973년에 지어진 이 냉동창고 건물은 한때 장생포의 랜드마크이기도 했지만 2000년대에 들어서면서 폐쇄된 이후 시간이 멈춘 듯 죽은 건물로 남아 있었다. 그렇게 시간 속에서 낡고 황폐해져 가던 것을 울산 남구청이 매입하여 갤러리와 전시관, 북카페 등을 갖춘 복합문화공간으로 리모델링하여 지난해 여름에 개관했다는 것이었다. 운영은 고래문화재단이 맡고 있는 듯했다. 나는 호기심이 일었다. 마침 쉴 곳이 필요했는데, 6층과 7층엔 '지관서가止觀書架'라는 이름을 내건 북카페가 들어서 있었다.

엘리베이터를 타고 올라가 북카페로 들어선 나는 깜짝 놀랐다. 조금 전까지만 해도 반세기 이상의 과거로 거슬러 올라간 시간 여행을 하고 있었는데, 북카페 내부는 너무나 넓은 데다 세련되고 아름다운 현대적 디자인으로 조성되어 있었기 때문이다. 오른쪽 전면은 통유리로 되어 있어 장생포항과 바다가 한눈에 내려다보였다. 왼편 공간엔 희고 큰 기둥들 사이로는 서가가 마련되어 있어 책들이 여유롭게 놓여 있었다. 요즘 사람들이 좋아하는 소위 '오션뷰' 카페였다. 책과 커피와 카페와 바다를 좋아하는 나로선, 이보다 더 좋은 장소를 발견하긴 쉽지 않을 듯했다. 이 멋들어진 카페만으로도, 오늘 장생포를 다시 찾아온 보람이 있다는 생각이 들 정도로.

평일 오후라서 그런지 카페는 조용했다. 나는 창밖이 내려다보이는 자리에 자리를 잡고 앉았다. 천천히 커피를 마시며 통유리창 밖으로 내다보이는 풍경을 바라보았다. 크고 작은 수많은 배들이 항구에 정박해 있었고, 물길 너머엔 산업단지의 공장 시설들이 높은 굴뚝으로 흰 연기를 내뿜으며 빼곡하게 들어서 있었다. 조선, 화학, 자동차 등 각종 제조업 시설들을 갖춘 한국 최고의 공업단지로 성장해 온 도시 울산. 고래잡이를 하던 작은 포구 마을이었던 이곳 장생포만 하더라도 얼마나 크게 달라졌는가. 아니, 실은 장생포는 포경이 금지된 후부터는 줄곧 쇠락의 길로 빠져들고 있었다. 나는 그걸 이곳 골목길 구석구석을 다니면서 확실히 깨닫고 있었다. 굳이 관광시설로 재현해 놓은 고래문화마을이 아니더라도, 후미진 골목길에선 쇠락한 낡은 작은 가게들, 무너지기 일보 직전인 장소들이 심심치 않게 보였던 것이다. 단지 장생포가 고래문화특구로 지정되고 관광객들이 찾기 시작하면서 관광지로 조금씩 거듭나고 있을 뿐.

그러나 누가 뭐래도, 역시 이 도시는 거대한 공업도시였다. 인구가 수백만에 이르는 거대 광역도시.

나는 먼바다를 내다보며 시야에 보이는 배들, 건물들, 공장들을 마음속에서 하나씩 지워가며 세월을 거슬러 올라가, 신석기인들이 사슴뿔 작살을 동여맨 나무 막대기를 들고 통나무배에 올라탄 채 고래를 사냥하던 모습을 떠올려 보려 애썼다. 그때 이 주변엔 아무것도 없었으리라. 푸른 숲을 배경으로 긴 모래톱이 있었을지 모른다. 그 너머에는 끝없이 펼쳐진 푸른 바다와 가끔 무지개를 품은 분수를 내뿜는 고래들이 유유히 헤엄치며 지나가고 있고….

그런 장면이 마치 내가 직접 경험한 과거의 사실인 양, 추억에 잠기듯 상상 속의 그리운 장면들에 빠져들다 불현듯 다시 현실로 돌아왔다. 어디선가 까르르 웃는 웃음소리가 들려와 나의 상상 여행을 깨우고 말았다. 고개를 돌려보니 어려 보이는 한 쌍의 연인이 내 옆자리에서 박장대소를 하며 대화를 나누는 모습이 보였다. 그 모습이 왠지 귀엽고 사랑스럽게 느껴졌다. 다시 바다 쪽으로 고개를 돌려 시선 속으로 들어오는 선착장, 배들, 그리고 높이 솟은 공장의 건물들과 연기를 내뿜고 있는 굴뚝들을 망연히 바라보았다.

서서히 저물어 가는 가을 하늘 위로 갈매기 몇 마리가 날고 있었다. 저 바다에 돌고래 몇 마리라도 보이면 얼마나 좋을까 하는 생각을 잠시 했다. 실제로 장생포 앞바다엔 지금도 돌고래들이 나타나고 있고, 유람선을 타고 돌고래 관광도 할 수 있었다. 바다, 갈매기, 돌고래, 그리고 인간의 도시. 제각기 거주하는 서식지가 다르고 먹이 활동이나 생애 주기도 다르지만, 결국엔 생동하는 자연계의 한 부분을 이루면서 살고, 죽고, 그리고 다시 다른 어떤 존재를 이루는 몸의 구성 분자로 되돌아가기도 할 것이다. 몽테뉴는 위대한 황제조차도 죽으면 구더기들의 아침밥 거리가 된다고 쓰지 않았던가. 생성소멸의 순환. 그것은 수십억 년 전 지구에서 최초로 생명이 탄생한 이래 지금까지 변함없이 지켜져 온 자연의 과정이며, 그런 생멸의 순환이 있기에 지구엔 이토록 다양하고 풍요로운 생명들이 계속해서 솟아날 수 있었던 것이리라. 자연은 끊임없이 내어주고 또 거둬들인다는 것, 그 순리에서 인간만이 별나게 예외적일 순 없다. 설사 과학의 힘으로 불멸하는 영생을 얻기 위해 냉동창고에 몸을 보관하거나 컴퓨터 기계에 영혼을 업로드한다는 둥 어처구니없는 소동을 벌일지라도.

나는 올여름 세계를 휩쓴 대홍수, 태풍, 산불을 떠올렸다. 그 모두가 급격하게 진행되고 있는 기후변화가 일으킨 지구 생태계의 혼란이었다. 특히 2년 전 호주에서 일어났던 거대한 산불. 수많은 인명과 재산 피해도 그렇지만, 산과 숲에서 살아가던 코알라와 캥거루, 토끼, 조류, 도마뱀을 비롯한 양서류 등 수십억 마리 야생동물이 죽음을 맞아야 했다. 최근엔 호주 정부가 코알라를 멸종위기종으로 지정했다는 뉴스를 접한 바도 있었다. 올여름 파키스탄엔 대홍수가 덮쳐 국토의 절반 가까이가 물에 잠기는 참변을 겪기도 했다.

기후변화가 초래하는 위기와 격변의 충격이 하필이면 온난화에 가장 책임이 적은 장소들부터 덮치다니! 투발루, 파키스탄, 가뭄에 시달리는 사하라 지대의 아프리카 국가들 같은 가난한 나라들. 사회적 불평등에 더해 기후 불평등이라는 말이 가설이 아닌 현실인 시대.

브뤼노 라투르는 현재엔 사회적 모순 못지않게 '**거주 가능성**' 문제가 지구의 근본 문제가 되고 있다고 주장하며 단호하게 지금 인류는 긴급한 "전쟁상태"에 있다고 말한다. 그에 따르면 지금과 같은 폭력적인 근대화와 산업화는 더 이상 지속 불가능하다. 그것은 죽음으로 가는 길이다. 그가 말하는 생태란 존재하는 모든 것이 촘촘하게 얽혀 있는 삶의 그물망을 말한다. 뭍에서만 살 수 있는 인간은 더더욱 대지에 묶인, 취약한 지구생활자들이다. 대지를 떠나서는, 생물들의 삶을 허용하는 생명의 '**임계영역**'[63]을 벗어나서는 살아갈 수 없다.

> "우리는 땅에 속해 있고earthbound, 대지의 것들 중의 대지의 것들이다."[64]

헛헛한 상념에 빠져 있는 사이, 어느덧 해가 뉘엿뉘엿 서쪽 바다로 지면서 바깥 풍경이 온통 자줏빛으로 물들어 가고 있었다. 아름다운 석양 빛을 받아 카페 안도 조용히 자줏빛 노을의 물결로 흘러넘치기 시작했다.

그 순간, 언젠가 여수 향일암에서 보았던 새벽 일출 장면이 떠올랐다. 떠오르는 거대한 붉은 태양이 바다와 하늘의 경계를 지우며 세상을 바로 지금 같은 자줏빛으로 가득 채웠었다. 장생포 바다에서도 저 태양은 억겁의 세월 동안 뜨고 지면서 장엄하고 경이로운 자태를 드러냈으리라. 그 아름다운 모습을, 고래를 잡으러 바다로 나간 신석

63 임계영역Critical Section은 지구과학에서 사용하는 용어로, 라투르는 인간을 포함한 모든 생명체가 살아갈 수 있는 지구 생물권의 얇은 막이자 연약한 생물 한계영역을 가리키는 말로 사용한다.

64 브뤼노 라투르, 《지구와 충돌하지 않고 착륙하는 방법》, 박범순 옮김, 이음, 2021, 124쪽.

기인들과 분수를 내뿜던 고래들도 도취하며 바라보았으리라. 헤아릴 수 없는 시간의 흐름 속에서, 저 태양은 쉼 없이 생명을 키우는 빛을 내려보냈을 것이다. 이 지구에 발붙이고 사는 바다와 육지의 뭇 생명들이 삶과 희망과 고독과 슬픔, 또 아름다운 저마다의 이야기들을 엮어 나가게끔 하면서.

21장 제주, 수월봉

2022년 가을, 나는 일군의 과학자들과 함께 제주를 찾았다. 코로나 19 사태가 마침내 진정되고 있었다. 운 좋게도 대기 온실가스를 연구하는 L박사 초청으로 학술 워크숍에 발표자로서 참가하게 된 것이었다. 그들은 지구 온실가스들을 측정하는 기술을 연구하고 또 필요한 장비도 개발하고 있었다.

워크숍 첫날은 온실가스를 측정하는 연구 방법과 각종 데이터에 관한 발표가 있었고, 나는 인류세에 관한 인문학적 접근에 대해 발표했다.

이튿날 우리는 모두 제주도 서쪽 해안 고산리 수월봉에 있는 기후변화 감시센터를 찾았다. 수월봉은 섬 전체가 화산폭발로 만들어진 제주도에서도 지질학적으로 매우 특별한 장소다. 1만 8,000여 년 전 땅속 깊은 곳에서 마그마가 솟아오르며 지층의 물을 만나 폭발할 때 뿜어져 나온 화산재가 쌓여 생성된 화산체인 수월봉. 관측소 뒤편으로 깎아지른 듯한 해안절벽이 2킬로미터나 이어져 있다. 해안절벽은 마치 수많은 얇디얇은 양탄자들을 겹겹이 쌓아놓은 듯한 지질트레일이 있어 그곳을 찾는 사람들의 경탄을 자아낸다. 관측소는 그런 지질학적 경이 위에 자리 잡고 있었다.

관측소에선 제주의 푸른 바다가 한눈에 모두 내려다 보였다. 나중에 설명을 듣고서야 이런 관측소가 제주도뿐 아니라 안면도와 울릉도에도 있다는 사실을 알게 되었다. 이들 관측소에선 대표적인 온실가스들인 이산화탄소와 메탄, 아산화질소, 육불화황 등의 온실가스들을 실시간 탐지해 변화 추이를 추적하고, 그 정보들은 모두 취합되어 한국의 기후변화 상황을 정확하게 이해하도록 기록하고 있었다. 또 태양복사를 측정하거나 비에 섞여 내려오는 유해 물질들에 관한 데이터도 추적하고 있었다.

서글서글한 얼굴을 한 책임자가 반가운 얼굴로 우리를 맞아주었다. 함께 간 과학자들과 서로 잘 아는 사이처럼 보였다. 우리는 특별히 그의 안내로 좁은 계단을 타고 올라가 중요한 측정 장비들이 있는 측정실 내부를 살펴볼 수 있었다.

측정실은 온도나 습도 등 환경에 예민한 기계들 때문에 조심스럽게 관리되고 있었다. 이름조차 어렵고, 브리핑을 들어도 언뜻 이해하기 어려운 전문적인 측정 기계들이 실내를 가득 채우고 있었다. 이산화탄소와 메탄 같은 온실가스 변화를 측정하는 공동 감쇠 분광기, 인간과 생물에 해로운 일산화탄소나 오존 같은 소위 반응 가스를 측정하는 반응 가스 분석기, 보통 미세먼지라고 부르는 에어로졸을 측정하는 광학 입자 계수기 등등. 그 모든 가스는 원형 타워에 있는 시료 채취 장치와 제습장치, 그리고 이곳 장비들과 연결된 망을 통해 수집되고 분석되고 있는 것이었다. 또 기계들과 연결된 대형 컴퓨터 모니터들에선 각 기계가 측정하고 분석한 자료들이 실시간으로 확인 가능한 지표들로 표시되고 있었는데, 이곳 제주에서뿐 아니라 안면도와 울릉도에서도 같은 시스템들이 작동하고 있다고 했다. 이들 관측소의 자료들이 다시 기상청 같은 중앙에서 취합되고 분석되는 과정을 거쳐 우리가 매일 텔레비전이나 스마트폰으로 쉽게 확인하는 숫자들로 최종 표기된다는 것이었다. 측정실에서 책임자의 설명을 듣는 동안, 마치 우주에 떠 있는 우주선 내부에서 우주선 내부와 작동에 관해 브리핑을 듣는 것처럼, 이 상황이 내게는 마냥 신기하고 낯설기만 했다.

"가끔 무시무시한 태풍이 몰려오면 정말 조마조마합니다. 저기 마당에도 시료 채취 타워와 각종 측정 장치들이 있는데, 자칫 태풍에 휩쓸려 날아가 버릴 수도 있으니까요."

현장 책임자의 말에 누군가가 "아이구, 기계보다 사람이 먼저 날아가겠지요." 하자 일행들이 왁자하게 웃었다.

어떤 현상이나 사물을 어떤 관점에서 보느냐에 따라 그것들은 전혀 다르게 보이게 마련이다. 휴양지로만 알던 제주의 풍광이, 아니 온 세상이 다르게 보였다. 우리가 뉴스로 접하는 일상적인 기상예보나 온실가스 데이터가 바로 이런 구체적인 물리적 실체를 가진 기계들의 안정적인 작동과 기술적 연결망에 전적으로 의존한다는 사실이 새삼스러웠다. 마치 우리는 그림자 연극을 보는 관객들이고, 스크린 뒤편의 보이지 않는 곳에서 온갖 기계 장치들이 인형들을 조작하며 세상 이야기를 엮어가는 게 아닐까 하는 생각마저 들었다. 모비 딕을 추적하는 에이허브와 선원들의 이야기가 성립하기 위해선 먼저 피쿼드호라는 기술적이고 기계적인 장치들과 그것들을 제작하는 당시 미국의 사회-기술 시스템의 복잡한 구성 수준이 숨은 행위자로 작동하고 있었던 것처럼.

그러므로 실제 역사라는 것도 알고 보면 이처럼 기술 시스템과 그것이 창출하는 기계들, 그 기계들을 생산하고 운용하며 그것에 기대어 살아가는 인간들, 그리고 그런 생산체계를 위해 동원하는 지구의 자연 자원들이 거미줄처럼 얽히고설킨 채 서로를 향해 횡단하며 역사를 만들어 가고 있는 것이 아닌가? 우리가 매일 손바닥만 한 스마트폰으로 날씨와 각종 기상정보를 한눈에 보는 것은 이런 자연을 활용해 만든 기술 시스템과 그것을 조직하고 운용하는 사람들의 사회적 시스템이 안정적으로, 즉 잘 협력하는 상태에서야 가능한 것일 터이다. 그러나 자연과 기술은 이처럼 인간적인 편리와 이익, 쾌락을 위해 일방적으로 동원되고 이용되지만, 마치 달의 보이지 않는 뒷면처럼 인간들의 관심과 시선엔 드러나지 않는다. 그런 그들을 가시화하는 것, 상호 연결과 의존관계를 제대로 포착하고 추적하는 것, 그런 일들이야말로 인류세라고 부르는 지금 시대에 더 긴급하게 필요한 일이 아닐까.

그 방을 나온 우리는 3층에 있는 세미나실로 올라갔다. 거기엔 벽에 걸린 여러 패널 자료로 현재의 지구와 한반도의 기후변화 양상을 사진이나 이미지 형태로 전시해 놓고 있었다. 마치 하키 스틱처럼 생긴, 너무나 유명한 소위 '킬링 곡선' 그래프도 있었다. 내가 그 그래프 앞에 서서 뚫어지게 쳐다보고 있자, 현장 책임자가 미소를 지으며 다가와 설명해 주었다.

"보시다시피, 이 킬링 곡선은 찰스 킬링Charles David Keeling이 하와이의 마우나로아산에 있는 관측소에서 자그마치 1958년부터 대기 중의 이산화탄소 농도를 재어 그걸 그래프로 나타낸 곡선이죠. 그래서 킬링 곡선이라 불러요. 그런데 저 경사도가 정말 무서울 정도예요. 하늘을 찌를 것 같지요. 이 킬링 자료 덕택에 지구 대기 중의 이산화탄소 농도가 정말 위험한 수준으로 치솟고 있다는 걸 온 세계가 다 알게 된 아주 중요한 자료입니다. 온실가스 감축을 위한 교토 의정서 채택에 큰 영향을 미치기도 했고요. 슬프게도 올해도 지구의 이산화탄소 농도는 또 최고치를 찍을 예정이랍니다."

나는 웃으며 고개를 끄덕였다.

나는 곁에 서서 같이 얘기를 듣던 L박사를 돌아보며 "킬링 박사님이 참 대단한 일을 하신 셈이지요?" 하고 물었다. 우리는 같이 걸음을 옮겼다. L박사가 작은 목소리로 입을 열었다. "킬링 박사님은 존경스러운 분이죠, 정말. 그분은 50년 세월 내내 하와이에서 이산화탄소를 정확하게 측정하는 연구만 하셨으니까요."

"50년 동안이나?"

"그분의 집요한 연구가 아니었다면, 아마 온실가스 연구나 지구 기후변화에 대한 인식도 아마 크게 늦어졌을 수 있어요. 그분이 처음 연구를 시작하던 1950년대만 해도 과학자들도 화석 연료 증가와 대기 중 이산화탄소 증가의 연관성에 대해 궁금해하기만 했지, 구체적으로 어떻게 대기 중 이산화탄소 농도를 정확하게 측정할진 몰랐거든요."

나는 말없이 고개를 끄덕였다.

"생각해 보세요. 지구가 얼마나 큰데, 이 큰 지구의 대기 중에 있는 온실가스의 변화 추이를 정확하게 측정하는 게 쉽겠어요? 그분이 열정적으로 연구한 끝에 아주 정밀한 측정 도구와 기법들을 개발했어요. 그리곤 하와이섬 화산 꼭대기에 측정소를 세우곤 밤낮없이 이산화탄소의 농도 변화를 추적하신 거죠."

"그렇게 수십 년간 쌓인 데이터가 바로 저 킬링 곡선이라고 하는 그래프군요. 놀라운 일입니다."

"그분은 지구 자체가 숨을 쉬고 있다는 걸 발견하신 거죠. 그리고 인류의 화석 연료 사용이 지구 대기의 이산화탄소 농도를 인위적으로 증가시킨다는 결정적인 상관관계도 밝혀내셨고요."

"지구 자체가 숨을 쉬고 있다. 사람이 산소를 호흡하고 이산화탄소를 내놓듯이, 지구도 숨을 쉬는군요."

나는 지구가 숨을 쉰다는 비유가 놀라워 눈을 깜빡거렸다.

"비유이긴 하지만, 사실 그런 거나 마찬가지예요. 지구의 여름철과 겨울철 식물의 광합성 작용의 강도 차이에 따라 이산화탄소 농도가 낮아지거나 높아지곤 하거든요. 정상적인 상태에서는요. 그런데 인간이라는 외부적 요인이 그런 정상적인 호흡을 방해하고 있는거죠. 문제는 그런 방해로 지구가 호흡곤란 상태에 빠지고 있다는 거고요. 요즘 폭염이나 홍수가 자주 일어나고 초대형 산불이 잦아지는 것도 어쩌면 지구가 괴로워 몸을 뒤채기 때문인지도 모르죠."

우리가 그런 대화를 나누며 일행을 뒤따라 나서는 사이, 모두는 건물 바깥에 있는 수월봉 정상 쪽으로 가고 있었다. 건물 주변에도 여러 관측 장비들이 여기저기에 놓여 있었다. 자동 기상 관측 장비, 풍속계, 풍향계 등이라고 했다.

수월봉 정상에선 탁 트인 시원한 바다 풍경이 펼쳐졌다. 너른 들판과 끝없이 펼쳐진 바다, 그날따라 더 맑은 푸른 하늘이 장엄한 광경을 만들어내고 있었다. 사람들은 저마다 감탄사를 뱉으며 연신 사진을 찍었다.

난간에 기대어 짙푸른 남쪽 바다를 하염없이 바라보던 중에 문득, 옛날 제주도에 있었다는 고래 공장 터가 서귀포에 있다는 생각이 떠올랐다. 그리고 대정읍 주변 바다엔 백여 마리의 남방큰돌고래들도 살고 있다는 사실도. 기억을 더듬자 언젠가 수족관에 갇힌 채 돌고래쇼에 동원되던 돌고래들을 제주 바다로 돌려보내 화제가 되었던 사건들도 떠올렸다. 나는 먼바다에 혹시 남방큰돌고래들이 지나가지나 않을까 하며 고요하게 반짝이며 드넓게 펼쳐진 바다 쪽을 계속 살폈다. 마침 가까이 다가온 현장 책임자에게 슬쩍 돌고래에 관해 물었다.

"아…, 돌고래요? 운이 좋으면 돌고래들을 만날 수 있죠. 요즘엔 돌고래 관광용 배들이 너무 많고, 돌고래들한테 너무 가까이 접근해서 문제가 많다고는 들었는데. 배를 타지 않아도 제법 가까운 데서 쉽게 돌고래를 만날 수 있는 곳이 있어요, 가르쳐 드릴까요?"

제주도가 고향인 책임자는 친절하게도 구체적인 장소까지 가르쳐 주었다. 오늘 시간이 되면 좋겠지만, 오늘이 아니더라도 다음엔 꼭 들러 보겠다는 말로 감사를 표했다. 마침 이곳 관측소 탐방이 공식행사의 마지막 일정이었고, 이후엔 각자 제주도를 떠나 돌아가거나 개인 일정을 소화하기로 되어 있었다. 애초에 제주로 올 땐 구체적인 일정을 몰랐던 탓에 개인적인 계획을 세우지 않았었다. 예약한 비행기 시간까지는 제법 시간이 남아 있었다. 나는 돌고래를 보러 갈 것인지, 고래 공장이 있었다는 장소를 먼저 찾아볼 것인지 고민하다 고래 공장 자리부터 찾기로 마음먹었다.

22장 서귀포항, 공생의 바다

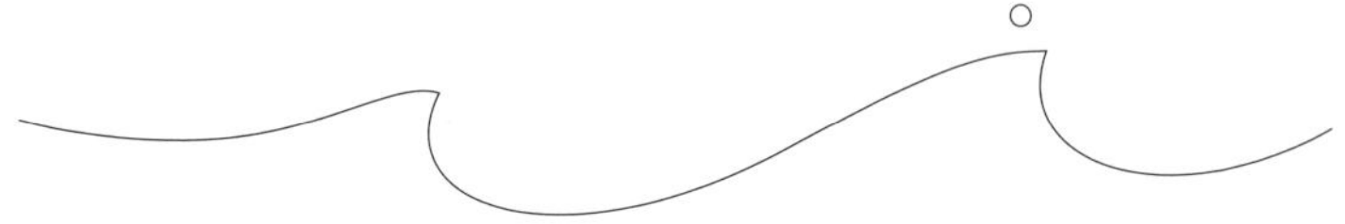

공식 워크숍 일정이 모두 끝난 후, 나는 혼자 서귀포행 버스에 몸을 실었다. 일제 강점기에 있었다는 서귀포항 주변의 고래 공장 터를 찾아가는 길이었다. 인터넷에서 찾은 자료에 따르면 일제 강점기 일본 포경회사가 만든 고래 공장이 있던 터는 지금의 서홍동 새섬을 바라보는 자리, 잠수함과 유람선 선착장으로 바뀐 자리였다.

버스를 타고 가는 동안 나는 일제 치하 이곳 서귀포항 역사와 일본 포경에 관한 자료를 뒤적거렸다. 일제는 1924년 서귀포항 새섬 서편에 방파제 축조를 시작해 이듬해 5월에 완공했고, 그 주변에다 소위 '고래 공장'을 세웠다. 서귀포에 세워진 일본 포경회사의 고래 공장은 사람들을 서귀포로 몰려들게 했다. 서귀포는 졸지에 고래 사냥 전진기지로 변모했다. 그때부터 일본 포경회사는 해방되기 직전까지 무려 60여 톤 무게를 가진 대형 참고래를 마구잡이로 사냥했고, 대형 고래 수백 마리를 포획해 이곳 고래 공장에서 해체했다고 한다. 일제는 울산 장생포에서만 고래 공장을 세워 한반도의 고래들을 약탈해 간 게 아니라, 이곳 제주 서귀포에서도 고래 공장을 운영하며 제주 앞바다의 고래들마저 말살했던 것이다. 하긴 고래뿐이랴. 육지에선 쌀과 광물 자원들을 수탈했고 바다에선 고래뿐 아니라 상어, 청새치, 그리고 독도 해안에선 '독도 강치'라 불리는 우리 바다의 고유한 바다사자를 멸종시켜 버리지 않았던가? 그들은 독도 강치를 무자비하게 포획하고 죽여 일본으로 가져가서는, 가죽으로는 모자챙, 가방, 배낭, 담뱃잎통, 방한 용구 등을 만들었고, 피하지방은 끓여서 기름을 취했으며 고기는 익혀 건조해 비료로 썼다. 동물원과 서커스에 팔아넘기기도 했었다. 결국 독도 강치는 독도에서 완전히 사라

1920년 제주에서 잡힌 대형 고래를 서귀포 고래 공장으로 끌어올리는 모습.
제주전통문화연구소가 일본에서 발굴한 자료 사진.
출처: 제주전통문화연구소. 연합뉴스 2013-03-05 재인용.

져 버렸다. 독도 앞바다에선 더 이상 독도 강치라 불렸던 멋진 바다 사자들을 만날 수 없다.

심란한 마음으로 흑백사진으로 남아 있는 자료들을 훑어보았다. 고래 공장 앞에 죽어 엎어진 대형 고래 앞에 군중이 모여 있는 사진 한 장. 집채만 한 참고래가 비참한 모습으로 고래 공장 바닥에 쓰러져 있고, 인부들이 고래 위에서 칼로 해부하고 있는 장면이었다. 고래 공장에서는 밤낮을 가리지 않고 수백 명의 인부들이 고래를 해체하고 기름과 고기를 채취했다고 한다. 제주 앞바다엔 예부터 참고래 같은 대형 고래들이 많이 오갔는데, 일본 포경회사들의 마구잡이 포획으로 거의 다 사라지고 말았다.

잠수함 유람선 선착장 주변에 당도했을 때 맨 먼저 눈에 들어온 것은 높이 솟아 있는, 새섬으로 연결되는 새연교였다. 오래전 내가 제주도에 머물 땐 없던 다리였다. 제주도의 전통 배 모양을 본뜬, 멀리서 보기엔 마치 펼쳐진 돛처럼 생긴, 높은 흰색의 교각이 보였다. 선착장 주변을 천천히 걸었다. 평일인데도 날이 맑아 유람선을 타려는 여행객들이 제법 많이 보였다. 새연교를 걸어서 건너는 사람들도 보였다. 유람선은 새섬 너머의 문섬과 밤섬, 섶섬 주변 바다를 항해하는 코스로 되어 있었다.

서귀포항에서 새섬으로 연결된 새연교가 완공된 것은 2009년 이었다는 걸 이제야 알게 되었다. 정작 내가 더 놀란 건 새섬이란 이름에 붙어 나온 문섬, 밤섬, 섶섬 같은 이름들이었다. 문섬이라고? 나는 어딘가 낯익은 그 단어를 보고 '설마 그 섬?' 하며 다시 인터넷을 뒤져 보았다. 역시 내가 알던 그 문섬이 맞았다! 새연교는 문섬, 밤섬, 섶섬이 그리 멀지 않게 보이는 장소에 세워진 것이었다.

내가 문섬을 기억하는 건, 문섬과 밤섬 주변 바다가 한국의 대표적인 연산호 군락지이기 때문이다. 문섬 주변 바다는 지난 2004년에 해양생물로선 최초로, 연산호를 보호하기 위한 천연기념물로 보호되고 있는 바다였다. 수심 20미터부터 40, 50미터 사이에서 자라나는 동물, 산호. 산호초라는 이름 때문에 식물로 오해받고, 돌처럼 딱딱해서 광물로 오해받기도 하지만, 실은 식물도 아니고 광물도 아닌 히드라처럼 강장동물의 일종인 산호. 한국의 산호는 열대 지방에서 흔한 경산호와는 다른, 독특한 연산호 종류이다. 산호 종은 뼈대 유무에 따라 연산호와 경산호로 구분된다. 산호의 근간을 이루는 단단한 뼈대가 없는 산호를 연산호라 부른다. 열대 지방엔 대부분 단단한 골격을 가진 경산호가 서식하는 반면에, 문섬 해역에선 독특하게도 연산호 종들이 거대한 군락을 이루고 있다. 제주 바다가 산호 종이 살아갈 수 있는 일종의 북방 한계선에 위치한 탓이다. 무지개의 빛깔이 빨주노초파남보로 다채로운 색의 향연이듯, 문섬 바다의 연산호 군락지에는 마치 단풍이 절정기에 이른 가을 산처럼, 울긋불긋한 산호들이 거대한 숲을 이루고 있다.

버스로 서귀포항으로 이동하는 틈에 문섬의 연산호 군락에 대한 기억을 더듬다, 연산호 군락이 아직 안녕한지가 궁금해서 자료를 뒤적거려 보았다. 최근 들어 온난화 영향으로 바다의 수온이 급증하면서 온도에 예민한 전 세계 산호 지대가 급속도로 파괴되고 있다는 뉴스를 자주 접했기 때문이었다.

전 세계 바다의 산호 지대는 바다의 건강한 생태계를 유지하게 하는, 건물로 치면 일종의 뼈대와도 같은 존재다. 산호에 대해 공부하면서, 그 생물이 가진 그 독특하고 신비로운 능력과 바다 생태계에서 수행하는 역할에 경의를 표하고 싶을 정도였다. 인간도 고래도 없고 공룡도 아직 없던 자그마치 3억 년도 더 전부터 지구의 바다에서 서식하기 시작한, 이 작지만 대단한 종 산호. 산호는 특이하고 놀랍게도, 동물이면서도 폴립이라고 하는 독특한 조직 속에 식물인 미세 조류들을 품고 있다. 산호는 그 조류와 산소 및 먹이를 상호 교환하며 협력해 살아가는데 그 때문에 마치 식물처럼 많은 양의 산소도 방출한다. 산호 지대가 '바다의 열대우림'이라고 불리는 이유다.

오늘날 산호는 식물과 완벽하게 공존하는 '**공생성**symbiosis'의 대표적인 사례로 잘 알려져 있다. 공생이란 이종 간의 생물들이 서로의 상생을 위해 협력하는 현상이다. 최근 들어선 이 공생이 생명계에서 예외적인 현상이 아니라 오히려 생명계를 지배하는 중심적인 규칙이라는 생각이 더욱 확산되고 있다. 동물인 산호가 제 몸속에 식물인 특정 조류와 협력함으로써만 생존하며 발달하듯, 동물이나 식물들 사이에선 이런 공생이 생명의 기본값처럼 작동하고 있다.

인류학자인 애나 칭Anna Lowenhaupt Tsing은 미국, 한국, 일본, 중국 등 국제적인 규모의 연구그룹을 이끌면서 송이버섯이 소나무와 어떻게 인상적인 공생관계를 이루고 있는지를 보여주기도 했다. 우리가 버섯이라고 부르는 모든 종류의 버섯들은 사실 곰팡이의 자실체다. 달리 말하면, 포자를 퍼뜨려 번식하기 위해 땅 밖으로 내민 일종의 생식기관이다. 곰팡이는 어디에나 존재한다. 숲에도, 습기 찬

집안의 벽에도, 먹지 않고 탁자 위에 내버려 둔 오렌지에도.

곰팡이는 모든 것을 부패시키는 불쾌한 생물 같지만, 간장, 된장, 막걸리, 그리고 페니실린 등은 이들 없이는 만들어질 수 없다. 무엇보다 이들의 협력이 없이는 대지의 거의 모든 식물의 생존 자체가 불가능해진다. 곰팡이는 지구의 역사 속에서 박테리아와 함께 식물이 영양분을 흡수할 수 있는 흙을 만들었고, 죽은 동식물들을 분해하여 새로운 생명으로 다시 탄생할 수 있는 순환의 고리 역할을 한다. 예를 들어 송이버섯이나 송로버섯은 아예 식물의 뿌리 세포와 연결되어 있다! 분리 불가능하게 '연결' 되어 있는 것이다. 소나무는 뿌리로 연결된 송이버섯에 필요한 탄수화물을 제공하고, 송이버섯은 소나무에 수분과 영양분을 제공한다. 전혀 다른 종의 생물 간에 이토록 신비할 정도로 정교한 공생관계가 이루어져 있다는 사실은, 독립적이고 자율적인 개별 생물체를 중심으로 상호 대립과 이기적인 투쟁을 중심으로 생물진화와 생명계를 상상해 온 사고가 얼마나 허구적이었는가를 보여준다. 애나 칭은 대표적인 사례로 아주 작은 생물인 하와이밥테일오징어를 든다. 이 특이한 오징어는 빛을 내는 기관을 갖고 있어 그것으로 달빛과 비슷한 빛을 내어 포식자에게 들키지 않게 모습을 감춘다. 다만 어린 오징어는 어떤 특정 종류의 발광성 박테리아와 접촉하지 않으면 그 기관을 발달시키지 못한다. 해당 박테리아를 갖고 태어나지 않기 때문이다. 또 어떤 특정 종류의 박테리아 없이는 난자를 생산하지 못하는 말벌도 있다.

이종 간 공생 협력과 연결의 사례는 무엇보다 우리 인간의 몸과 삶의 영위에도 근본 규칙이다. 인간 태아가 태어날 때 산모의 산도를 빠져나오면서 얻게 되는 이로운 박테리아 없이는 음식을 소화할 수조차 없다.[65] 또 인체 세포는 인체의 약 10퍼센트에 불과하고 나머지 90퍼센트가 박테리아라는 연구도 있다. 몸의 장내 유익균들이 없다면 면역체계가 무너져 더 이상 살 수 없게 된다. '협력' 대신 이기적 자기 보존과 확장, 투쟁의 논리에 근거한 '이기적 유전자' 주의는 생명계 전체의 연결과 관계망의 공생적 구조에 비하면 오히려 부수적인 현상이다. 다른 존재들과 협력하며 연결됨 없이, 마치 히키코모리처럼 홀로 고립되어 세계와 맞서면서 살아가는 존재는 없다. 생명계의 근본은 공생과 협력의 관계에 있지, 분리 독립된 개체성에 있지 않다.

산호만 해도 결코 고립된 개체들끼리 각자의 밀실에 갇힌 채 살고 있지 않다. 산호가 기본적으로는 몸속에 사는 식물 조류와 협력 공생하지만, 더 큰 규모에서도 공생적 협력 관계가 산호를 둘러싼 이종 생물들 간에 존재한다. 육지와 바다를 통틀어 지구 모든 생물의 약 80퍼센트를 차지하는 해양생물 중 약 4분의 1이나 되는 생물들이 이 산호 군락에 의존해 살아가는 것이다. 수천 종 해양생물의 서식처로, 그들을 사실상 모두 먹여 살리고 있는 어머니와 같은 존재가 산호 군락이다. 산호 군락은 그들 다양한 생물들의 서식처이고, 은신처이며, 또한 일부에겐 먹이를 제공하기도 한다. 특히 산호 지대는 그렇지 않은 바다와 달리 훨씬 더 많은 풍부한 플랑크톤들이 살아가기도 한다. 때문에 산호 지대가 죽어 황폐해지면, 거기 의존해 살아가

65 애나 로웬하웁트 칭, 《세계 끝의 버섯》, 노고운 옮김, 현실문화, 2023 참고.

던 생물들도 사라진다. 보호종인 바다거북, 대형 가오리, 상어류뿐 아니라, 바다 생태계의 아래층을 차지하는 작은 어류들 대부분이 산호들의 품 안에서만 살아갈 수 있다.

바다는 독립된 생물들이 저마다 이기적으로 자기 유전자를 전달하기 위해 만인 대 만인의 투쟁을 벌이는 서슬 퍼런 장소가 아니다. 그저 짠내 나는 소금물로 된 초거대 수족관도 아니다. 바다는 육지와 하늘과 긴밀하게 연결된 상호의존의 그물망이며, 뭇 생명들이 서로 협력하고 공생하며 연출하는 장엄한 생명의 드라마다. 불행히도 소위 '근대인'이라고 자처한 인류는 지난 수백 년간 그런 관계의 연결망 대신 자본 간의 무한 경쟁 모델을 생물계에 투사하여 고립되고 자족적인 개체들의 무한 투쟁만을 보아왔을 뿐이다.

나중에 제주에서 돌아온 후, 나는 제주 문섬 주변 천연기념물 연산호 군락에 대해 조금 더 구체적으로 알아보았다. 문섬 주변 바다엔 '바다 소나무'라 불리는 해송, 수지맨드라미, 분홍맨드라미 등 국내 바다에 서식하는 약 170종의 산호 종 중 120종 이상이 서식하고 있고 그중에서도 60여 종은 오직 제주 바다에서만 나는 고유한 종이다. 그 연산호 군락의 생태공동체 식구는 놀랍도록 많은 해양생물을 보듬고 있었다. 바다거북, 청줄돔, 쏠배감펭, 쏠종개, 자리돔, 주걱치, 파랑돔, 흰동가리, 가시복, 흰오징어, 대왕문어, 금강바리, 말미잘, 게오지, 연필성게, 새우, 집게, 말미잘, 해파리, 불가사리, 갯민숭달팽이 등등.[66]

나는 무엇보다 살아 있는 산호가 보여주는 기막힌 아름다움에 반할 수밖에 없었다. 둥근 테이블을 닮은 것들, 눈꽃을 지고 있는 소나무나 맨드라미꽃을 닮은 것들, 나뭇가지나 기다란 꼬챙이, 부채를 닮은 것들 등 각기 다른 독특한 생김새와 현란한 색감은 꽃으로 가득한 정원을 떠올리게 했다. 바다의 열대우림이자, 황홀하게 살아 있는 바다의 꽃밭.

안타깝게도 최근의 기후급변은 해수 온도를 급격하게 높여, 온도에 예민한 산호들이 속수무책으로 백골만 남기고 하얗게 죽어가는 소위 '산호 백화현상'을 초래하고 있다고 한다. 산호는 수온 변화와 같은 환경 스트레스를 받으면, 사람이 몸에 들어온 박테리아에 저항하듯 세포 안에 공생하던 식물성 조류를 방출해 버린다. 그렇게 되면 당연히 산소 부족으로 에너지를 잃게 되어 죽고 만다. 최근엔 전 세계 산호 지대 3분의 1 이상이 위기에 처해 있다고 하니 문섬의 연산호 군락이 안녕한지 궁금할 수밖에 없다. 안타깝게도 지금 당장 문섬 앞 바다로 뛰어들 수도 없는 노릇이다. 나는 다만 그들 산호의 안부를 궁금해하면서 새연교 옆 선착장 쪽을 향해 걸어 들어갔다.

선착장 주변은 호텔들, 상가들, 아파트들이 보이고, 해변엔 많은 배들도 정박해 있는 모습이 보였다. 새연교가 제주도의 새로운 관광 랜드마크로 개발된 탓인지, 주변은 깨끗하고 활기차 보였다. 아마 코로나19가 기승을 부리던 지난해까지만 해도 이곳 역시 을씨년스러울 정도로 오가는 사람 없이 적막했으리라.

그곳엔 일제 강점기에 흥성했던 고래 공장의 흔적이라곤 조금

66 제주 연산호 군락에 관한 자세한 내용은 녹색연합 · 윤상훈 · 신수연 · 신주희, 《ㅈㅈㅅㅎ - 조금 사소하고 쓸 데 많은 제주 산호에 관한 거의 모든 것》, 텍스트CUBE, 2021을 참고하기 바란다.

도 찾아볼 수 없었다. 해방 후 일본이 버리고 간 고래 공장은 그대로 방치되었다가 1959년 태풍 사라 때 거의 다 파손되어 버렸고, 서서히 잊혀 갔다. 고래 공장의 흔적들은 그 장소가 기억해야 마땅한 역사와 함께 말끔하게 지워지고 망각되었다. 참혹하고 슬픈 역사일지라도, 적어도 공장의 흔적을 기념관으로 남겨 제국주의가 남긴 참담한 행위를 기억하도록 했으면 하는 아쉬움이 어쩔 수 없이 마음을 파고들었다. 고래가 왜 사라졌는지, 그들이 이곳에서 어떤 수난을 겪었는지, 제주 바다에 왜 더 이상 참고래 같은 대형 고래들이 거의 보이지 않는지를, 기억해야만 할 일이었다. 안타깝게도 지금은 가끔 혹

서귀포항에서 바라본 새연교와 새섬. 필자 촬영.

등고래나 참고래가 죽은 채로 발견되거나, 혹등고래가 문섬 근처 바다에서 잠깐 모습을 드러낸 것이 큰 뉴스거리가 되고 있을 뿐이다. 제주도 남쪽 바다가 한때 귀신고래와 혹등고래, 참고래, 밍크고래 같은 대형 고래들이 노닐던 바다였다는 사실을, 오늘날 얼마나 많은 이들이 기억해 줄까?

나는 걸음을 옮겨 새연교 쪽으로 걸어갔다. '새로운 인연을 만들어가는 다리'라 해서 지어진 새연교 다리. 다리 아래쪽엔 일제 강점기에 만들어진, 지금은 새섬 쪽이 끊어져 버린 방파제의 흔적도 남아 있었다. 그 오래된 방파제는 1924년 무렵 고래 공장을 만들기 위해 서귀포항과 새섬을 연결하려고 만든 것이었다. 그 방파제 위엔 새로운 방파제가 만들어졌고, 그 위에 새연교가 세워져 있었다. 주변에는 보행 산책로와 새섬 산책로, 음악 벤치 등이 설치되어 있어 산책하거나 바다의 풍광을 즐기기엔 안성맞춤인 장소처럼 보였다. 왼쪽으로는 선착장이 있고, 오른쪽으로는 아름답게 펼쳐진 남쪽 바다가 마주하고 있어 시원한 바람과 파도를 느낄 수 있는 곳. 새섬 너머로 그리 멀지 않은 곳에 문섬과 밤섬, 그리고 자그맣게 섶섬으로 보이는 섬도 보였다. 주변 바다로 유람선과 작은 어선들도 몇 척 보였다. 길쭉하게 튀어나온 인공 방파제도.

한데 나는 크고 작은 배들이 정박해 있는 항구와 관광객을 태우고 문섬 주변 바다를 돌아다닐 유람선과 잠수함이 출발하는 선착장을 조금은 걱정스러운 마음으로 바라보게 되었다. 하필이면 세계적으로도 희귀한 연산호들의 군락지이고 제주 앞바다의 생태계를 건

강하게 유지하는 데 필수적인 문섬 바로 코앞에다 항구와 다리를 만들고, 유람선과 관광 잠수함을 띄워 주변 바다를 혼탁하게 만드는 게 과연 옳은 일인지 의문이 들었기 때문이다. 사람들과 배들이 무시로 북적대며 오가는 동안, 과연 저 바다가 오염 없는 청정 상태를 유지할 수 있을까.

새연교 아래쪽으로 걸어가면서 주변을 다시 둘러보았다. 바다를 방파제로 막아 움푹 들어간 공간처럼 보이는 그 장소는 과연 백여 년 전, 일제가 고래 공장을 세우고, 포경선들이 잡아 온 고래를 끌고 들어와 해체하기에 적절한 장소처럼 보였다. 이곳에서 해체하여 가공한 고래의 모든 것은 일본 오사카로 반출되었고, 정작 제주 주민들은 고래고기를 거의 맛보지도 못했다고 한다. 또 서귀포항 주변 마을엔 일본인이 세운 고래 뼈로 만든 거대한 아치가 마치 일본 신사 입구에 세우곤 하는 관문인 '도리이鳥居'처럼 세워져 있었다고 한다. 거대한 고래 뼈로 만든 도리이라니, 일본인들에겐 그 고래 뼈 도리이가 자랑스러운 상징물이었겠지만, 제주도민들에겐 얼마나 끔찍한 흉물이었을까. 울산 장생포와 마찬가지로 이곳에서도 포경사업은 전적으로 일본인만을 위한 돈벌이였고, 조선인들은 허드렛일만 할 수 있었다. 잡은 고래를 해체하는 날이면 고래의 붉은 피가 바다를 붉게 물들였고, 피비린내가 진동하여 그런 날엔 해녀들조차 물길에 나설 수가 없었다. 고래 뼈 도리이는 고래와 제주도민들의 뼈아픈 상처를 끊임없이 상기시키다 해방 이후 어느 땐가 주민들이 없애 버렸다.

육지와 바다를 되찾은 지금, 우리는 서귀포항 앞바다가 가진 풍성하고 아름다운 바다 생태계를 온전히 잘 보존하고 있는 것일까. 제주의 남방큰돌고래들과 산호들은 진정으로 안녕한가.

흑백사진으로만 보던 백여 년 전 풍경과는 너무도 달라진 현대화된 항구와 방파제, 잘 정돈된 산책로, 높이 치솟아 있는 새연교 강철 다리. 그 모든 게 왠지 이질적이고 생경하게 보였다. 영락없는 신도시의 풍경으로 바뀌고 있는 이 바닷가 풍경은 또 누구를 위한 것인가.

기록에 따르면 1933년에 서귀포항을 출항한 포경선이 조난 사고를 당해 표류물 한 점 남기지 않고 배와 사람들 모두가 사라져 버린 사건이 일어났다고 한다. 그렇게 사라져 간 선원들의 넋을 위로하는 추모비는 지금도 항구 근처 수풀 어디엔가에 거의 버려지다시피 한 채로 남아 있다. 그들은 폭풍우에 휩쓸려 침몰해 버린 것일까? 아니면, 수십 톤이나 되는 거대한 모비 딕과 사투를 벌이던 피쿼드호가 그랬듯, 혹은 소설이 아닌 실제로 일어난 사건인 에식스호가 그랬듯, 모비 딕의 공격으로 침몰해 버린 것일까? 나의 상상 속에선 그런 일이 벌어졌다. 일본 제국주의자의 얼굴을 한 에이허브가 탄 강철 피쿼드호와 제주도 남쪽 바다의 모비 딕.

새연교에서 바다를 바라보니 제주 바다는 그저 고요히, 그 모든 굴곡진 역사에도 아랑곳하지 않는다는 듯 묵묵히 침묵하며 거기에 머물고 있을 뿐이다. 오후의 햇살은 하늘과 바다를 가르는 경계마저 지워버리려는 듯, 옥빛 바다와 하늘 사이에서 빛나는 유리 조각을 마구 흩뿌려 놓은 듯이 반짝였다.

살랑이는 바람에 느릿느릿 움직이는 바다는 나를 향해 손짓하는 듯도 했고, 동시에 너무나 무심해 보이기도 했다. 윤슬이 반짝이는 지금의 저 바다는 온화하고 너그러워 보이지만, 압도적인 넓이와 가늠하기 힘든 깊이는 마치 제주의 신화 속에 나오는 바다 괴물 해추가 심해의 깊은 곳에 숨어 있다 용틀임하며 태풍을 불러일으켜 모든 것을 쓸어가 버리듯, 영원히 파악할 수 없는 공포의 심연처럼 보이기도 했다. 지구의 중력이 대지 위의 모든 것들을 붙잡아 놓듯이, 바다로 나간 배가 언젠가 다시 항구로 돌아오듯이, 바다는 바람과 공기, 물, 흙 등 모든 것이 그곳으로 돌아가야 하는 존재의 시원이다. 그러나 지금은 그 시원 자신이 낳고 기른, 육지에 사는 한 작은 종이 저지르는 갖은 악행으로 덫에 걸린 작은 동물처럼 위태롭고 취약해진, 슬픈 모습으로 보이기도 했다.

나는 몸을 돌려 육지 쪽을 바라보았다. 휘황하게 번쩍이며 비죽비죽 솟아 있는, 강철과 플라스틱, 콘트리트와 시멘트, 유리 같은 인공 구조물로 가득한 인간들의 세상이 있었다.

나와 동류인 인간들. 제국주의와 전쟁, 내전, 저마다의 이익을 위해 아귀다툼을 벌이며, 나르키소스처럼 오직 자신만을 향한 너무 깊은 사랑에 빠져 있는 존재들.

나는 나 자신이 바로 그 세상에 속해 있는 일원이라는 사실이 순간 부끄러워졌다. 나는 미국의 해양생물학자이자 저술가 레이첼 카슨Rachel Carson의 한 문장을 떠올리지 않을 수가 없었다. "처음 생명체를 탄생시킨 바다가 이제 그들 가운데 한 종이 저지르는 행동 때문에 위협받고 있다. … 바다는 설령 나쁘게 변한다 하더라도 끝내 존속할 것이다. 정작 위험에 빠지는 쪽은 생명 그 자체다."[67]

불현듯 어디선가 뱃고동 소리가 들려왔다. 고동 소리는 서귀포 앞바다에 사는 돌고래들이 부르는 구슬픈 노래처럼, 항구와 흰 파도가 철썩이는 방파제를 넘어 저기 먼 바다 쪽으로 천천히 번져가고 있었다.

67 레이첼 카슨, 《우리를 둘러싼 바다》, 김홍옥 옮김, 에코리브르, 2018, 17쪽.

후기 '호모 디스터비엔스', 교란하는 동물

"'생태계교란 생물'이란 … 생태계 등에 미치는 위해가 큰 것으로 판단되어 환경부장관이 지정·고시하는 것을 말한다."
- '생물다양성 보전 및 이용에 관한 법률' 제2조

"인간의 위대함이란 질병에 지나지 않음을…."
- 《모비 딕》, 제16장[68]

"안타깝게도 지금은 우리 자신이 지질학적 행위자가 되어, 우리 자신이 존재하는 데 필요한 한계적 조건들을 교란시키게 되었다."
- 디페시 차크라바르티, 〈역사의 기후〉 중[69]

68 Herman Melville, 82쪽.

69 시노하라 마사타케, 《인류세의 철학》, 조성환 외 옮김, 모시는사람들, 2022, 105쪽.

바다는 침묵하는가?

2023년 8월 24일, 일본 정부는 마침내 공식적으로 후쿠시마 원전 오염수를 태평양 바다로 흘려보내기 시작했다. 사람들은 걱정과 분노, 안타까움이 뒤섞인 착잡한 마음으로 생방송으로 전해지는 뉴스를 지켜보고 있었다.

겉보기에 너무 넓은 바다는 무뚝뚝한 침묵으로 일관하는 것처럼 보인다. 단지 거대한 소금물 웅덩이라면, 인간세계와는 거리가 먼 '세계의 바깥' 일 뿐이라면, 무한하게 광막한 드넓은 지구 바깥의 우주공간에 무엇이든 투기해 버려도 될 것처럼 바다를 대하는 것마저도 별로 대수롭지 않은 일이리라.

사실 인류는 바다에서 무수한 물고기를 낚고 고래를 사냥하면서 동시에 온갖 폐기물과 쓰레기들, 오염수를 아무렇지도 않게 투기해 왔다. 바다는 정말로 무진장 넓고 깊어 보였고, 바다 수면 아래에서 사는 해양생물들은 어망에 걸려 잡히지 않는 한 잘 보이지도 않았다. 무엇보다 바다가 지구 생태계 전체에서 수행하는 역할에 대해 무지하고 무관심했다. 무지와 무관심. 1997년 미국의 해양환경운동가인 찰스 무어가 우연히 거대한 태평양 쓰레기섬을 발견하고, 해양산성화와 해수면 상승, 또 바다에 쏟아지는 온갖 쓰레기들이 바다에 미치는 생태적 악영향을 알게 되기 전까지, 이 모든 나쁜 소식들도 스쳐 지나가는 인간세계 바깥의 소식일 수 있었다.

지금, 태평양 거대 쓰레기 지대Great Pacific Garbage Patch는 지난 20여 년 동안 덩치를 더욱 불린 결과 남한 면적의 열 배가 넘는 크기로 커졌고, 대서양과 인도양의 쓰레기 더미까지 합치면 그 규모는 가늠하기조차 힘들다. 그 쓰레기들 대부분이 플라스틱이고, 눈에 보이지도 않는 미세플라스틱 조각들은 이미 바다생물들의 몸을 오염시켜 죽이고 있다. 배 속에 플라스틱 쓰레기가 가득 든 채로 해변에 떠밀려와 죽는 고래와 앨버트로스, 바다거북 사체 뉴스를 종종 접하게 되는 일도 낯설지 않다. (물론, 물고기 몸에 든 미세플라스틱을 사람들도 먹게 되는 건 당연한 수순이다.) 또한 바다를 돌아다니는 수만 척 원양어선들의 무자비한 저인망 어업으로 이미 많은 어류의 개체수가 급감하거나 멸종위기에 처해 있다.

바다는 과연 침묵하고 있는가? 바다가 산성화되고, 해수면이 점차 올라가고, 플라스틱 쓰레기로 바다생물들이 고통받고, 남획으로 어종들이 급감하거나 멸종위기에 처하고, 산호 지대가 해골처럼 새하얗게 백화되어 죽어가고 있는 상황이, 과연 침묵일까?

여기에 더해 앞으로 수십 년도 더 넘는 세월 동안 오염수를 무단으로 바다에 방출할 때, 그것이 향후 바다 생태계에 미칠 여파를 어떻게 다 예측할 수 있을까? 설령 인체에 무해한 게 사실이라도 바다에 사는 그 무수한 해양생물에 미칠 해악은 전혀 고려하지 않아도 된다는 것일까? 그건 과학을 빙자한 인간의 또 다른 오만이 아닐까? 인간의 안전만을 고려할 뿐 수백 년간 저질러 온 생물 해적질, 쓰레기 투기도 모자라 이젠 방사능 오염수까지 서슴없이 투기하는 이런 무정함은 도대체 어떻게 정당화할 수 있을까?

우리는 지구온난화 문제에서도 이미 그런 비슷한 과정을 거쳤었다. 지구 기후는 겉보기엔 과거와 다를 바 없는 듯이 보였고, 지난 세기 후반기에 이르러 계속된 우려와 문제 제기가 있었음에도 온갖 정치적 음모론이 가세한 반론과 무관심 속에서 지금과 같은 더 나쁜 상황으로 치달아 왔다.

온난화 문제는 어떤 한 나라만의 문제가 아니라 인류 공동체 차원에서 공동으로 대처해야 할 문제이고, 그것도 서둘러 대처해야만 할 시급한 문제였다.

1992년 브라질 리우데자네이루 지구정상회의가 열려, 유엔기후변화협약UNFCCC이 처음으로 채택되었다. 1997년 12월엔 제3차 기후변화협약당사국총회COP가 열리고, 마침내 2015년엔 파리기후협정이 체결되어 세계 거의 모든 국가가 기후변화 대응에 참여하는 신기후체제가 출범했다. 이후 거의 매년이다시피 당사국총회가 열리고 온실가스 감축을 위한 회의를 거듭하고 있지만 현실은 어떤가?

2022년 당사국총회에 참석한 안토니우 구테흐스 UN 사무총장은 개회사에서 지금 인류가 "지옥행 고속도로에서 가속페달을 밟고 있다"라고 발언했다. 그는 "기후위기에 함께 대응하거나, 아니면 다 같이 집단자살하거나 하는" 선택의 기로에 서 있다고 주장했다. 그러나 바로 그 자리에, 세계에서 가장 많은 온실가스를 배출하는 10대 온실가스 배출국 중 9개국 정상이 불참했다. 이것이 현실이다.

1992년 이래 2022년에 이르기까지, 지구의 이산화탄소 배출량과 농도는 줄어든 적이 없다. 해마다 회의는 열리고, 온실가스 배출곡선은 해마다 더 높이 고개를 치켜든다. 언제까지 이런 악순환이 마냥 계속될 수 있을까? 인류의 지혜와 선의, 도덕 감정보다 앞서는 그 무엇이 우리의 눈을 가리는 걸까? 혹은 우리가 스스로에 대해 지나친 과신에 차서 바로 눈앞에 닥친 위기조차 무시할 정도로 맹목이 되어버린 것은 아닌지 자못 의문이 든다.

허먼 멜빌은 소설 《모비 딕》에서 오직 자신만의 이기적인 독단과 의지로 모비 딕 고래를 사냥하려 덤비던 에이허브를 바라보며 이렇게 말했다. "비극적으로 위대한 사람이란 모두 어떤 병적인 과정을 통해 그렇게 되기 때문이다. 젊은 야심가들이여, **인간의 위대함이란 질병에 지나지 않음**을 명심하라."[70]

근대 이래 휴머니즘 철학은 줄기차게 인간의 위대함과 고귀함을 설파해 왔다.

《구약성서》의 〈창세기〉에선, 신은 인간에게 동물들의 이름을 짓고 그들을 지배할 권리를 부여했다.

하지만 나는 고대 그리스에서부터 전하는 오이디푸스왕의 비극이, 인간종에 대한 조금 다른 이야기를 전하고 있다는 사실도 알고 있다. 마치 지금의 인류세를 예언하기라도 하는 것처럼, 소포클레스는 인간의 오만이 치러야 할 무서운 대가를 선명하게 그려내 보인다. 지혜로운 인간, 호모 사피엔스의 빛과 어둠, 지혜의 이면에 도사린 사악함은 어느덧 우리 사피엔스 자신을 향해 겨누어지고 있다.

소포클레스는 말한다, 오이디푸스는 바로 우리, 인류라고.

오이디푸스는 과연 누구였는가?

호모 사피엔스라고 부르는 우리 인간종, 인류는 과연 무엇인가? 기술과 과학이라는 신적인 힘으로 생명들을 복제해 내고, 유전자 조작

70 Herman Melville, 82쪽.

으로 마음만 먹으면 자신을 복제하거나 새로운 종을 창조할 수도 있으며, 자신을 닮은 인공지능 로봇까지 만들어 내고 있는 이 기막힌 동물! 그러나 여기서 잠깐, 우리는 우리 종이 성취한 업적에 도취되어 에이허브가 걸었던 길을 가고 있는 것은 아닌지 자문해 볼 필요가 있다.

기원전 5세기 아테네의 비극시인 소포클레스가 지은 《오이디푸스 왕》은 인간 존재의 정체성 문제에 접근하는 탁월한 관점을 제공해 준다. 자아정체성이란 한 사람이 "나는 누구이며 무엇인가?"라는 질문에 대해 스스로가 갖는 답변이다. 뚜렷하고 확고한 정체감은 자기의 중심을 갖고 세상을 살게 해주는 힘이 된다. 그러나 반대로, 그것이 스스로가 정하는 주관적인 것이라는 점에서 자칫 혼돈과 착각, 자아 과잉이나 자존감 결여로 귀결되는 그릇된 판단에도 쉽게 빠져들 수 있다는 점에도 유념해야 한다. 즉 주관적 정체성과 객관적인 정체성 간에 괴리가 나타날 수 있다는 것이다. 객관적 정체성은 타자적인 관점, 사회나 역사의 관점에서 평가될 수 있는 한 인물에 대한 평가라 할 수 있다.

오이디푸스는 누구였던가? 그는 테베에서 태어나자마자 버려져 운 좋게 코린토스에서 자라나다 마침내 자신의 운명에 대한 예언을 듣는다. 그러나 그 예언을 듣기 전까지 그는 결코 자기 인생의 주인공이었다고 할 수 없다. 아버지를 죽이고 어머니와 결혼할 운명을 피하려 코린토스를 떠날 결심을 한 순간, 그는 운명에 맞서 투쟁하는 주체로 거듭난다. 스핑크스의 수수께끼도 풀어 인간들 가운데 최고 지력의 소유자임을 입증해 내기도 하고, 거리에서 자기를 방해하는 남자와 결투하여 상대를 죽일 정도로 용맹하며, 마침내 테베의 왕으로 등극한 위대한 영웅 오이디푸스. 아름다운 왕비 이오카스테와 결혼하고, 왕국에 대해서도 훌륭한 통치로 존경과 찬사를 한 몸에 받게 되는 위대한 왕 오이디푸스.

신이 부과해 놓은 운명마저도 극복한 위대한 인간, 왕국의 지배자. 소포클레스가 설정한 오이디푸스라는 캐릭터는 겉으로 보기엔 호모 사피엔스, 즉 지혜로운 인간이 도달할 수 있는 가장 높은 곳을 차지하는 인간-영웅이다. "나는 생각한다, 그러므로 존재한다"라고 외쳤던 르네 데카르트. 천상에 존재하는 신이 아닌, 지상에 존재하는 인간의 주체적 사유 능력을 자기 존재의 유일한 근거로 확정하여 근대 휴머니즘의 토대를 확립했던 르네 데카르트의 인간상에 걸맞은 이상적 인간 같지 않은가? 탁월한 지적 능력으로 이 세계 전체를 지배할 영웅, 인간. 지혜로운 인간, 호모 사피엔스.

한창 잘나가던 시절 누군가가 오이디푸스에게 "당신은 누구신가요?"라고 묻는다면, 그는 당연히 자부심에 넘쳐 이렇게 말할 것이다. "스핑크스의 수수께끼를 푼 세상에서 가장 지적인 인간, 그리고 왕국을 훌륭하게 통치하는 테베의 왕"이라고. 그의 자부심은 어느샌가 긍지를 넘어 오만에 이르게 되고, 그 오만은 치명적인 대가를 치르게 될 것이다. 왜냐하면, 오이디푸스의 그런 자기이해는 실은 주관적인 착각에 불과하다는 사실이 곧 드러날 것이기 때문이다.

나중에 오이디푸스의 과오와 범죄로 왕국 전체가 무서운 재앙에 처하게 되었을 때, 마침내 오이디푸스 자신만 빼고 독자들과 극중의 측근 신하들까지도 진실을 다 알게 된다. 오이디푸스는 누구인가? "제 아비를 죽이고 제 어미와 결혼한 천하의 무도한 패륜아!"

이보다 더 참혹한 패륜 범죄가 있을 수 있을까? 이보다 더 전율스러운 운명이 있을까? 오이디푸스는 그제야 비로소 자신이 진정 누구였는지를 깨닫게 된다. 시간은 인간의 오만한 지혜의 허망함을 끝내 폭로하고야 만다.

소포클레스는 마치 오이디푸스를 조롱하듯, 합창단으로 하여금 이렇게 노래하게 한다.

> "모든 것을 보는 시간은 그대도 모르는 사이에 그대를 찾아내어 오래전부터 아들을 아버지로 만드는 결혼 아닌 결혼을 심판하시네."

오이디푸스는 스스로를 가장 위대한 인간, 신과 대적하여 이길 정도로 숭고한 영웅이라고 믿어 의심치 않았건만, 착각도 그런 착각이 없었다. 그는 실은 최악의 패륜범죄자, 자신이 누구인지도, 자신이 무슨 저주받을 악행을 저질렀는지도 모른 채 거들먹거리며 오만을 떨었던 비참한 인간에 불과했던 것이다. 아비를 죽이고 어미와 결혼한 놈, 이게 소포클레스가 오이디푸스에게 설정해 놓은 **객관적 정체성**이었다.

신에 맞설 정도로 위대한 인간 영웅이라는 주관적 정체성과 자기를 낳고 기른 부모에게 가장 몹쓸 짓을 저지른 패륜 범죄자라는 객관적 정체성. 이 사이에서 무너진 오이디푸스는 결국 자기 눈을 스스로 찌름과 동시에 왕국에서 자신을 추방하는 자기처벌, 즉 윤리적 책임을 진다. 비극의 완성.

그러나 소포클레스의 이 작품이 진정한 의미에서 비극으로 완성되는 것은, 단지 영웅의 추락을 그려냈기 때문이 아니다. 고대 그리스의 비극은 그 드라마가 그려내는 인간 정신의 크기에서 완성된다. 이 비극이 진정 비극다운 이유는, 오이디푸스는 비록 **자신이 무슨 짓을 하는지조차 모르고 저지른 악행이었음에도 불구하고, 그것이 자기 책임, 자기 과오의 결과임을 인정하고 자신의 두 눈을 찌르는 윤리적 책임을 보였기 때문이다.**

그리스 비극의 위대한 점은 바로 여기에 있다. 한 인간이 높이 올랐다가 추락하는 운명에 처하는 이야기는 그저 슬픈 이야기가 아니다. 책임질 줄 아는 인간 정신의 크기, 정신의 숭고를 그려내는 것이다.

모르고 한 죄과에 대해선 무죄가 아닌가? 현대적 관점에서 과실범죄일 뿐, 정상참작의 여지가 있고, 가벼운 처벌로도 충분하지 않은가 생각할 수도 있겠다. 실제로 우리 현대사에선 "난 그런 줄 몰랐어요." 한 마디로 용케 빠져나가는 비겁한 술수를 너무나 많이 보아왔기에.

소포클레스가 오이디푸스의 비극으로 전하고자 하는 메시지는 사실 크게 두 가지다. 첫째, 인간의 지적-정신적 한계, 과오에 대한 감각이다. 소포클레스가 드러내고자 한 핵심 주제가 바로 인간의 과오, 즉 고대 그리스어로 '**하마르티아**Hamartia'라고 부른 것이다. 원래 '과녁을 잘못 맞히다, 화살이 빗나가다'라는 뜻을 가진 단어다. 소포클레스에게 인간은 **하마르티아적 동물, 과오를 범할 수밖에 없는 치명적**

인 결함과 한계를 가진 존재다. 인간은 과오를 범할 수밖에 없는 존재다. 즉 자신이 지금 무슨 짓을 저지르고 있는지 완벽하게 알 수 없단 얘기다. 신이 아닌 이상, 지적으로, 도덕적으로, 또 경험적으로도 세상의 모든 이치를, 미래의 천변만화하는 변화양상을 결코 알 수 없다. 그러니 아무리 지적으로 뛰어난들 거기에 배태되어 있을 수도 있는 불행과 나쁜 결과들을 모두 예측하고 피할 수 없다. 선의로 시작한 일이 결과는 최악으로 나타날 수도 있는 것이 세상사다. 삶의 불확실성, 미래의 불가예측성 앞에서 불가피한 인간 지혜의 한계를 자각해야만 한다. 이것이 소포클레스가 오이디푸스왕 이야기로 전하려 한 윤리적 명제인 것이다.

둘째, 인간에게 그나마 훌륭한 점이 있다면, 그것은 똑똑함, 지력에 있는 게 아니라 도덕 감정, **윤리적 책임능력**에 있다는 점이다. 오이디푸스의 위대한 점은 그가 스핑크스의 수수께끼를 푼 사실에 있지 않다. 자신의 과오를 솔직하게 인정하고, 거기에 대해 무서울 정도로 진정성 있는 책임을 질 수 있었다는 사실에 있다. 소포클레스는 인간의 이성 능력보다 도덕적인 능력에 인간의 인간다움이 있다고 주장했던 것이다.

인간이란 누구이며 무엇인가? 인간의 객관적인 진짜 정체성은 무엇인가? 똑똑하지만 과오를 범하고, 그럼에도 거기에 대한 윤리적 책임을 질 줄 아는 존재. 이것이 바로 소포클레스가 오이디푸스 이야기를 통해 통해 후세 인류 전체에게 전하고자 했던 핵심 메시지였다. 그런 점에서 소포클레스의 시대엔 확실히 인간 존재의 한계, 유한성에 대한 확고한 자각이 있었다. 고대 그리스인들이 '오만'이라고 번역되는 단어 '**휘브리스**Hybris'에 그토록 민감했고, 우리 근대인들이 망각해 버린 그 '오만'을 가장 큰 죄로 인식했던 이유가 거기에 있다. 하이데거는 서구의 역사를 '존재 망각의 역사'라고 했지만, 그 말을 뒤집으면, 아마도 점점 강도를 더해온 인간적 오만 증폭의 역사라 할 것이다.

18세기에 들어서면서 서구인들은 팽창하는 산업과 과학, 제국주의적 확장으로 자신감이 팽배한 나머지 '하마르티아'에 대한 소포클레스적 겸손을 완전히 망각해 버렸다. 그렇게 해서 새롭게 발명한 단어가 바로 '호모 사피엔스'라는, 과오라는 결함이 제거되고 지적인 능력만이 강조된 기묘한 개념이다.

호모 디스터비엔스

나는 이 자리에서 지구 생태계에서 인류세적 위기를 만든 호모 사피엔스 종의 객관적인 정체성에 대해 다른 의견을 제시하고자 한다.

인간은 호모 사피엔스Homo Sapiens이면서 동시에, 호모 디스터비엔스Homo Disturbiens다. '지혜로운 동물'이지만 그 지혜를 과신한 나머지 스스로를 '지구 생태계 교란 동물'로 만들어 버린 동물.

스핑크스의 수수께끼를 푼 지상 최고 지력의 소유자 오이디푸스가 자신이 왕국에 역병을 몰고 온 당사자임을 뒤늦게 깨달았듯, 헤아릴 수 없이 많은 지구 생명체들이 서로 의지하며 살아갈 유일한 터전인 지구에 자신의 지력으로 인류세 위기를 초래하고 말았다는 사실을 깨달은 오이디푸스, 그가 바로 호모 디스터비엔스인 것이다.

호모 디스터비엔스라는 규정은 인간종을 비난하는 단어가 아니다. 오히려 자신의 '과오'와 '책임'의 깊이를 자각하지 않으면 안 될 지구적 위기 국면을 의식하며 그 책임의 무게를 온전히 내면화하는 자기규정이다. 또한 자신의 존재 자체가 필연적으로 지구 생태계에 의존하고 얽혀 있으며, 동시에 자신의 활동이 부정적 방향이든 긍정적인 방향이든 간에, 불가피하게 생태계를 교란할 수밖에 없음을 겸허하게 인정하고 의식하는 태도이기도 하다.

사실 인간 존재에게 사피엔스적인 면과 디스터비엔스적인 면은 마치 동전의 양면처럼 분리 불가능하게 붙어 있다. 윤리 없는 지성이 맹목적이고 파괴적이라면, 지성 없는 윤리는 지금처럼 지구 행성 차원의 윤리가 요구되는 시대엔 불가능하다. 인간의 지적 창조성과 파괴성은 그 어느 시대보다 더 신중하게 윤리적으로 '조율'되고 제한되어야 한다. 그리고 그러한 '조율'의 원칙과 기준을 세우기 위해선, 우리 자신을 더 잘 이해하는 일종의 역사적이고 계보학적인 추론이 필요하다.

호모 사피엔스라는 이 놀라운 단어 속엔 우리 인간종이 스스로에게 부여한 특별한 자부심과 긍지가 담겨 있다. 거기엔 창조적 능력에 대한 확신, 위대함에 대한 자각, 다른 생물들과는 확연히 구별되는, 심지어 우주적 차원에서도 어쩌면 유일할지도 모를 특별하고 예외적인 존재라는 믿음이 혼란스럽게 뒤섞여 있다.

수백만 년 전, 아직 원숭이와 크게 다를 바 없지만 직립보행을 시작한 오스트랄로피테쿠스에서 불을 발견한 호모 에렉투스를 거쳐, 마침내 '이성'을 획득하여 자연의 지배자 종으로 올라선 종, 호모 사피엔스. 다른 동물들은 상상도 못 할 위대한 문명과 문화를 창조한 창조적인 동물, 사피엔스. 마치 오이디푸스가 우주적 비밀이자 수수께끼를 풀고 테베 왕국의 위대한 왕으로 올라섰듯이, 기술과학으로 우주의 비밀을 파헤치고 지구를 통치하는 만물의 왕이자, 프로타고라스의 말처럼 **만물의 척도**인 사피엔스.

사람들과 얘기를 나눌 때마다 그러한 믿음이 얼마나 깊고 확고한지 깜짝 놀랄 때가 많다. 더욱이 인류가 무분별하게 내뿜은 이산화탄소로 지구가 가열되고, 많은 학자들이 제6의 대멸종이 이미 진행 중이라고 경고할 정도로 생물다양성이 파괴되고 절멸로 치닫고 있는 이 '인류세'에, 여전히 인간은 동물이 되기를 거부한 정신적 존재라거나, 세상 만물은 인간의 복리와 안녕을 위해 준비된 것이며, 인간의 임무는 우주 정복에 있다는 식으로 주장하는 인본주의적 지식인들도 아주 많다는 사실에 더더욱 충격을 받곤 한다.

그들에게 호모 사피엔스라는 자기규정은, 그것이 지극히 주관적인 자기규정에 지나지 않음에도 불구하고, 마치 신과 전 우주가 확고부동하게 인정해 준 자격증처럼 보인다. 나는 이들의 믿음에서 테베의 왕으로서 떵떵거리며 살던 오이디푸스, 테베에 대재난이 들이닥치기 전, 오만이 극에 달해 있던 오이디푸스의 얼굴을 본다.

모든 중요한 개념에는 상상과 감정, 역사적 맥락이 뒤섞여 있게 마련이다. 우리가 오늘날 상식으로 이해하는 대문자 인간Human, 호모 사피엔스라는 규정 역시 그렇다. 그리고 이들 개념은 서구 유럽의 정신사와 역사적 맥락과 분리해서는 결코 제대로 이해할 수 없다.

17세기에 철학자 르네 데카르트가 '생각하는 능력', 즉 이성을 내세워 인간의 정체성을 확립한 것은, 중세 신 중심주의 사회에 비교한다면 분명 획기적인 면이 있다. 인간은 드디어 압제적이고 질투심 많은 신의 노리개, 신의 하등한 피조물이라는 자기이해에서 벗어나게 되었다. 그것은 스스로 독립적으로 문제를 풀어내고 세상을 헤쳐 나갈 이성 능력의 소유자임을 선언한 일종의 독립선언이다. "나는 나야. 나는 이성으로 세상을 지배할 능력과 권리가 있어." 이것이 데카르트 이래 바뀐 서구의 혁명적인 **인간의 자기이해**의 시작이다. 나아가 데카르트에서 계몽주의 시대 칸트, 헤겔과 마르크스에게까지 전달된 인간 존엄론의 근거가 된 자기규정이다.

생각하는 인간, 호모 사피엔스. 그러나 데카르트의 인간 독립과 자율성의 선언도 17세기 코페르니쿠스의 지동설에서 시작된 과학혁명, 즉 세계를 신이 아닌 자연과 인간의 눈으로 있는 그대로 인식하려는 획기적인 관점의 도래가 필수적인 조건이었다. 코페르니쿠스의 천문학에서 시작된 과학혁명은 갈릴레이에게로 이어졌고, 마침내 18세기 카를 폰 린네에 이르러서는 19세기 찰스 다윈을 예고하는 새로운 자연의 분류체계가 확립되기에 이르렀다.

호모 사피엔스라는 정의를 사상 처음으로 제안한 사람은 바로 린네였다. 린네는 그 유명한 《자연의 체계》라는 책에서 인간을 처음으로 호모 사피엔스, 즉 지적인 동물로 규정했다. 루터교 목사의 아들답게 신앙심이 깊었던 린네는 스스로를 제2의 아담으로, 즉 아담처럼 세상 만물에 이름을 붙여주는 임무를 부여받은 존재로 생각했다. 린네는 모든 유기적 생물체를 닮은 정도에 따라 위계적인 분류체계에 집어넣었다. 자연의 거대한 존재 사슬에서, 호모 사피엔스는 그 지혜로움으로 인해 존재의 최상위 포식자의 위상을 갖게 되었다.

놀라운 사실은 린네가 호모 사피엔스조차 더욱 세밀하게 분류했다는 점이다. 그 분류에 당시 유럽 제국주의 시대의 유럽-백인 편향과 오만까지 성실하게 포함시켰다. 사피엔스라고 다 같은 사피엔스가 아니었다. 유럽인들은 "혈색 좋고, 건장하고, 부드럽고, 창조적"인 반면 아메리카 원주민들은 "화를 잘 내고, 고집스럽고", 아시아인들은 "우울하고, 단호하고, 거만하고, 탐욕스럽"다. 아프리카인은 "나태하고 부주의"하며 특히 아프리카 여성은 "부끄러움을 모르는" 존재들이었다.[71]

한마디로 자연계에서 호모 사피엔스가 위계 서열상 '넘버 원'이고, 사피엔스들 가운데서도 유럽-백인종이 '넘버 원'이라는 주장이다. 이런 유럽-백인 우월주의와 타 인종에 대한 폄하는 유럽인들이 다른 대륙들을 식민지로 개척하고 나서면서부터 더욱 깊어졌다. 오늘날까지도 쉽게 뿌리뽑히지 않는 인종 차별주의의 근원이 거기에 있다. 과학의 탈을 쓰고 만들어진 호모 사피엔스라는 단어의 출발 자체가 **종 차별적이고 인종 차별적인 독소**를 내장하고 있었다.

호모 사피엔스라는 개념은, 유럽-기독교-서구-백인의 주관적 감정과 상상력이 발휘되어 만들어진 편향된 자기이해의 산물이었을 뿐이다. 사실 인간만이 '사고thinking'한다는 가정, 그리고 존재들의 탁월함의 기준이 하필 '언어-논리 추론'이라는, 즉 이성능력이라는,

71 프란체스카 페란도, 《철학적 포스트휴머니즘》, 이지선 옮김, 아카넷, 2021, 195쪽.

다른 동물들이 들으면 실소를 터뜨릴 만한 철두철미 종 차별적이고 인간 중심적인 가정, 유럽-백인들이 모든 사피엔스들 가운데 모든 면에서 탁월하다는 인종 차별적 가정, 이 모든 것이 과학적인 근거가 전혀 없는, **구성적 상상력**의 산물이었을 뿐이다. 그러니 '호모 사피엔스'라는 단어는, 그 뿌리에 인종 차별주의와 종 차별주의가 노골적으로 배어 있는 미심쩍은 단어인 것이다.

호모 사피엔스라는 단어 자체가 이처럼 철저하게 유럽의 문화적 전통과 근대 자본주의, 제국주의적 역사에 침윤된 상상력의 산물일 뿐이라면, 그 규정을 마치 보편타당한 정의처럼 떠받들 이유가 없다. 게다가 그 단어는 더 나쁘게도, 인간을 자연이나 여타 비인간 존재들과 철저하게 구별되는 예외적인 존재로 설정하고 있다는 점에서 더더욱 그렇다.

그리하여 강한 윤리적 자기책임성을 인식하고 있다는 조건 속에서 인류는 현재의 인류세적 조건 속에서 자신을 먼저 **호모 디스터비엔스**, 즉 교란하는 생물로 재정의할 필요가 있어 보인다. 지구 생태계를 교란하는 특이한 생물.

생태계교란 생물이라는 개념은 지금 한국을 비롯한 대부분의 나라에서 채택하고 있는, 자국 생태계 보호 법률에 공식 기재된 용어일 것이다. 한국에서 '생태계교란 생물'이란, 위해성 평가 결과 생태계 등에 미치는 위해가 큰 것으로 판단되어 환경부장관이 지정·

고시하는 것을 말한다. 생물다양성 보전 및 이용에 관한 법률 제2조 제8호 규정이 바로 그것이다. 여기엔 외래 생물 중 생태계의 균형을 교란하거나 교란할 우려가 있는 생물, 외래 생물에 해당하진 않지만 특정 지역에서 생태계의 균형을 교란하거나 교란할 우려가 있는 생물, 유전자의 변형을 통하여 생산된 유전자 변형 생물체 중 생태계의 균형을 교란하거나 교란할 우려가 있는 생물 등이 생태계교란 생물로 지정될 수 있는 생물들이다.

이런 생물들은 법에 따라 사육, 재배, 저장, 운반, 수입 등에 대한 규제를 실시하고, 필요에 따라 국가나 지방자치단체가 야외 등에서 외래 생물을 방제할 것을 환경부 장관이 지시하게 된다.

미국산 황소개구리가 한국의 토종 생태계를 교란시킨다고 지목되어 사실상 박멸 대상이 되어 있고, 2023년에도 천안에서 미국산 가재가 발견되었다고 뉴스로 전해지기도 했다.

야생 생태계의 관점에서 본다면, 황소개구리며 가재가 미국이나 한국, 중국 같은 나라들의 인공적인 국경을 알 리가 만무하다. 태평양을 횡단하는 고래들이 인간들이 멋대로 그어놓은 바다 국경을 통과할 때마다 비자를 발급받을 리는 만무하다. 자연은 국경도, 민족도 모른다. 그들은 그저 지구 생태계의 일원일 뿐이며 그들에게 유일한 국경은 지구의 생물 임계영역 한계일 뿐이다. 만일 지구에서 현재 인간종이 존재하지 않는다면, 황소개구리가 베링해협을 건너 아시아로 진출하든 말든, 그런 진출 자체를 금지할 자연계의 장벽은 존재하지 않는다. 살거나 죽거나, 그건 황소개구리들의 생존능력과 적응력에 달린 문제일 뿐이다.

사실 환경부가 고시한 생태계교란 생물이라는 규정은 한국 국경 내의 생태 시스템만을 염두에 둔 것이다. 만일 지구 생태 시스템 전체로 확대하여 이 생태 시스템을 파괴하고 교란하고 있는 가장 위험한 생물을 지구의 모든 생물 종들에게 비밀 투표로 뽑게 한다면, 누가 뽑힐까? 바로 사피엔스라고 스스로 굳게 믿고 있는 종, 인간종이 아닐까?

오늘날 고생물학과 인류학자들이 밝혀낸 바에 따르면 20만 년 전, 호모 사피엔스 종이 지구에 처음 출현한 후부터 사피엔스 종의 역사는 발을 내딛는 곳마다 일관되게 다른 많은 생물종을 멸종시켜 온 생태계 파괴의 역사였다. 《총, 균, 쇠》의 저자 재레드 다이아몬드 Jared Diamond에 따르면 사피엔스 종이 수만 년 전에 아메리카 대륙에 진출한 후부터 북미에선 70퍼센트 이상, 남미에선 80퍼센트 이상의 대형 포유동물이 사라졌다. 매머드, 마스토돈, 낙타, 커다란 땅나무늘보 등 수십 종의 동물들이 잡아먹혔다.

인간이 기타 동물들에 저지른 잔혹사 이야기는 선사시대와 역사시대를 가리지 않는다. 로마 시대에 로마 시내의 콜로세움을 비롯한 로마 제국 곳곳에 세워진 미니 콜로세움들은 유희적 동물학살극의 대표적 장소들이었다. 로마인들의 사자를 비롯한 동물학살 유희는 로마제국이 멸망하기까지 수백 년간 이어졌고, 아프리카에서 사자가 멸종 직전에 이를 지경이었다. 근대라고 크게 달라진 것이 없다. 아프리카의 동물들은 상아 수집용으로, 유희적 사냥감으로, 돈벌이 서커스 동물로, 동물원 구경거리로 포획되어 노예 생활을 하다 죽거나 잡아먹혔다.

멀리 갈 것도 없이 21세기에 접어든 현재, 많은 생물학자들은 지구에서 이미 여섯 번째 대멸종이 진행되고 있을 뿐 아니라, 멸종 속도가 더 급격해지고 있다는 경고들을 내놓고 있다. 최근에는 향후 20년 안에 육지 척추동물 500여 종이 멸종할 위기에 놓여 있다는 경고가 나왔다. 이 모든 것이 인간의 야생 생물 서식지 파괴, 오염물질 방출, 남획 등으로 인한 것이다.

과거의 다섯 차례 생태계 대멸종 사태는 대륙이동, 산소결핍, 미생물이나 화산폭발, 소행성 충돌 같은 사건 때문이었다. 반면에 현재 시작되었거나 진행 중인 제6차 대멸종의 원인은 바로 호모 사피엔스라고 자부하는 근대의 오이디푸스, 지구 전체를 자신의 왕국인 양 군림해 오던 인간종 자신들이다.

그러므로 우리 인류가 지금 직면한 시대는 마치, 스스로 위대한 왕이라 자부하던 오이디푸스가 마침내 아비를 죽이고 어미와 결혼하여 왕국을 대재난의 도탄에 빠뜨린 부끄럽고 처참한 자신을 직면한 때와 같지 않은가? 스스로 위대하고 유일한 사피엔스 종이라고 자부하던 인류는, 객관적으로 지구 생태계의 관점에서 볼 때 다름 아닌 지구 생태계교란종, **호모 디스터비엔스**임을 인정하지 않을 수 없지 않겠는가?

호모 디스터비엔스의 윤리

동족인 인류를 향해 "우린 그저 생태계를 교란하는 위험한 생물일 뿐이야"라고 주장하는 건 자칫 제 얼굴에 침 뱉기나 다름없다는 오해를 살 수도 있다. 그러나 이는 단지 진실에 대한 솔직한 이야기일 뿐이며, 현재 우리 인류가 서 있는 위치를 객관적으로 조망해 보기 위한 제안일 따름이다.

우리는 과연 우리 자신이 "**교란하는 동물**", 즉 호모 디스터비엔스임을 인정할 수 있는가? 오이디푸스는 자신의 과오를 인정하고 윤리적 책임을 지고자 함으로써 우리에게 "**인간이 된다는 것은 어떤 의미인가?**"에 대한 하나의 윤리적 모델을 제공해 주었다. 우리가 오이디푸스를 진지하게 받아들인다면, 인류세라는 위기를 초래한 데 대한 윤리적 책임을 짊어질 결의가 인류에게 있느냐 하는 물음이야말로 오늘날 우리가 던져야 할 핵심적인 문제일 것이다.

인류는 언제부터 지금 지구온난화 혹은 지구 가열화 시대 도래의 원인이 바로 인류 자신이라는 걸 인정하게 되었는가? 놀랍게도 지구온난화에 대한 1차적 책임이 바로 인간의 활동이라는 사실을 IPCC가 공식적으로 인정한 건 IPCC 5차 보고서가 발간된 2014년이다. 그때에서야 보고서에 "기후변화의 주된 원인이 인간이라는 사실은 95% 확실"하다고 처음으로 언급한 것이다. 그리고 드디어 2021년 IPCC 제6차 평가 종합보고서에는 "지구온난화의 원인은 '**의심할 여지 없이**' 인간 활동 때문이다"라는 문구가 삽입되었다.

그렇다면, 지난 30년간 온실가스 감축이 꾸준히 이루어져 왔는가? 그럴 리가. 2023년엔 오히려 온실가스 배출량이 역대 최고치를 찍었고, 지구 표면 온도도 역대 최고치를 다시 갱신하고 말았다. 온난화에 가장 큰 책임을 갖고 있는 국가들의 정부나 기업은 오이디푸스처럼 자기 눈을 찌르는 고통과 자기희생을 치르지 않았고, 자기 따귀나 찰싹찰싹 때리는 시늉만 하고 있다는 비판에 직면하고 있다.

일본의 원전 오염수 방류는 또 어떤가?

자신의 이익과 향락을 위해선 '이성'을 최대한 발휘할 줄 알지만 윤리적 책임능력에 관해서는 책임 회피와 발뺌, 시간을 벌기 위한 선전전, '그린 워싱'으로 이미지 세탁하기에만 급급한 무책임한 동물로서, 사피엔스가 아니라 디스터비엔스일 뿐임을 더 뚜렷하게 입증하고 있지 않은가?

소포클레스는 오이디푸스 이야기를 통해 인간종에 관해 너무 이상적인 희망 사항만을 그려낸 것 아닐까. 데카르트나 칸트가 그려낸 지나치게 이상적이고 신적인 인간상처럼. 이성은 인간의 탐욕과 이기심, 쾌락적 충동의 하수인일 뿐이라던 데이비드 흄의 통찰이 참이라면, 인간이 인간 아닌 여타 동물들과 다른 점이 무엇이란 말인가? 오히려 잔혹성이나 파괴성에서 여타 동물들을 압도하는 인간종은 동물들보다 못한, 병적인 동물, 대자연의 실수, 나타나지 않았으면 더 좋았을 지구 행성의 몸에 생겨난 악성 종양 같은 존재일 뿐일까.

공생적 연대와 모든 존재하는 것들의 민주주의

인류 자신이 위험하고 약탈적인 생태계 교란자인 호모 디스터비엔스이며, 그것을 인지한 지 수십 년이 지났음에도 자신의 윤리적 무능력만을 보여주고 있다는 사실은 인류의 자존심에 커다란 생채기를 낼 만한 일이다. 무수한 존재자들 가운데 유일하게 세계를 형성할 수 있는 존재의 목자이며 존재의 목소리를 들을 수 있는 존재라며, 인간 우월적이며 인류 예외적인 특권적 지위를 암시했던 하이데거적 인간관조차도 어느덧 은근히 조롱거리가 되고 있다.

더욱이 최근 챗지피티ChatGPT 같은 초거대 인공지능의 등장이 불러일으킨 충격을 더하면, 과연 지금까지 우리가 알고 있던 '인간'이란 존재의 정체성에 대한 혼란이 더 격렬해질 수밖에 없다.

철학자 로지 브라이도티Rosi Braidotti는 이런 상황을 "**포스트휴먼적 곤경**"이라 부르기도 했다. 복잡한 설명이 필요한 "포스트휴먼적"이라는 개념을 굳이 설명하지 않아도, 그가 말한 곤경이 무엇인지는 명확하다. 그 곤경이란, 기후변화가 일으킨 생태계 파괴로 인한 절멸 가능성과 초인공지능의 등장이 혹시라도 초래할지도 모를 파괴적 위험이라는 두 위험 사이의 곤경이다. 다시 말해 인간이 자연과 기계 사이에서 자칫 사지가 찢겨 죽는 게 아닌가 하는 불안과 공포가, 이 시대의 분위기가 되어 유령처럼 인간계를 떠돌고 있다.

그런 불안의 정조는 마치 천사 루시퍼의 추락처럼, 인간 존재의 우주적-존재론적 지위의 추락으로 인한 현기증이기도 하다. 존재론적 위상 추락으로 인한 현기증은 역사적 근원을 따져보면 이미 수백 년이나 되었다.

과학사가인 브루스 매즐리시Bruce Mazlish는 이미 1993년에 발표한, 통찰력과 예언적 영감으로 가득한 《네 번째 불연속》이라는 책에서, 인류가 마주하기 불편한 진실을 드러내 버렸다.

매즐리시는 역사적으로 지금까지 인류는 세 번의 존재론적 지위 추락을 경험했다고 말한다. 각 추락 사건은 일종의 모욕이자 수치, 상처이기도 한데, 그건 마치 왕에서 귀족으로, 귀족에서 평민으로, 신분과 지위가 전락할 때 경험하게 될 모욕감과도 같은 종류의 것이다.

매즐리시는 인류에게 모욕을 안겨준 3대 충격으로 지동설, 진화론, 그리고 정신분석학을 꼽았다. 코페르니쿠스 지동설은 지구가 우주의 중심이긴커녕 무한한 우주를 떠도는 우주 먼지에 불과하다는 걸 일깨웠다. 프랑스의 블레즈 파스칼로 하여금 밤잠을 설칠 정도로 전율을 느끼게 한 최초의 충격이다. 이어 등장한 19세기의 찰스 다윈은 인간이 신의 손에서 빚어지고 신이 불어넣은 입김을 영혼으로 가진 성스러운 존재가 아니라, 그저 무수한 돌연변이와 자연선택으로 우당탕탕 불쑥 출현한 원숭이의 후손에 지나지 않음을 폭로했다. 그렇게 인간과 동물 간의 불연속성은 깨지고 말았다. 하지만 아직 결정적인 한 방이 남았다. 지그문트 프로이트가 창시한 정신분석학은 인간이 이성적인 의식과 자유의지를 가진 존재라는 근대 휴머니즘, 호모 사피엔스적 이상을 완전히 끝장내 버렸다. 인간은 무의식의 전적인 꼭두각시까지는 아닐지 몰라도, 적어도 삶의 활동 대부분이 무의식의 지배 아래 놓여 있다. 의식이란 바다에 떠다니는 거대한 빙산의 아주 조그만 일부, 수면 위에 드러난 조각에 불과하다.

인간은 자율적 이성과 사유 능력으로 여타 다른 자연과 확연하게 구별된다는 근대 휴머니즘의 형이상학적 이원론, 즉 인간과 자연의 불연속성은 이런 방식으로 무참하게 깨어져 버렸다. 프로이트 이래 인류는 인간과 침팬지 사이의 존재론적이고 질적인 차이—인간의 우월성을 계속 유지할 수 있는—가 어디에 있는가를 놓고 치열하게 고민할 수밖에 없는 상황에 처했다. 생물학자들의 연구로 침팬지도, 까마귀도 도구를 다룰 수 있다는 게 드러난 시점부턴 더더욱. 인간과 동물, 자연 사이의 불연속이 깨져 버린 후에 남은 불연속은 무엇인가? 그게 바로 인간과 기계 사이의 불연속이다. 하지만 이젠 어린아이들조차 잘 알고 있다시피, 인간과 기계 사이의 불연속도 크게 흔들리고 있다. 네 번째 불연속도 깨어지고 있는 것이다.

인류는 지금까지 테크놀로지나 기계를 도구주의적 관점에서만 다루어 왔다. 유기체와 기계 사이엔 근본적이고 질적인 불연속성과 뚜렷한 경계가 있다는 것이 근대의 확고한 믿음이었다. 원숭이도, 인간도, 심지어 고양이조차, 즉 생명체라면 자기 내부의 욕망을 원인으로 행동을 시작할 수 있지만, 기계는 오직 외적인 원인, 스위치를 켜거나 자동차 시동을 거는 것과 같은 외부 힘의 추동으로만 행동을 개시할 수 있다. 인공물은 해체 후 완전히 재조립하면 다시 조작 가능하지만 유기체는 조작 불가능하다. 그러므로 자연물과 인공물 사이의 차이는 절대적이다. 인간과 기계 사이의 차이는 더욱이나 절대적이다. 설사 인공지능이나 로봇이라고 할지라도 지능은 오직 인간에게만 해당하는 사항일 뿐 기계는 원초적으로 '생각하는 능력'이 없다.

미국 철학자 존 설John Rogers Searle의 '중국어 방' 논증은 인간만이 사유하며, 인간만이 높은 지능을 가질 수 있다고 믿고 싶어 하는 휴머니스트들에겐 커다란 위안이 되었을지 모르지만, 그럼에도 최근 챗지피티 같은 인공지능의 등장은 그런 신념조차도 흔들리게 만들 충분한 근거들을 가진 것처럼 보인다. 심지어 초인공지능의 등장도 막연한 예감이 아니라 실제적인 가능성으로 대두되고 있는 시점에선 더더욱 그렇다.

무엇보다 현대의 뇌인지과학과 인류학은 호모 사피엔스의 출현 자체가 호모 에렉투스와 테크놀로지의 결합과 공진화의 산물이라는 것을 밝혀냈다. 브루스 매즐리시, 혹은 매즐리시가 책에서 인용한 인류학자 셔우드 워시번Sherwood Washburn에 따르면 인간은 도구와의 물리적, 정신적, 감정적인 교류와 상호작용을 통해 점차 신피질의 발달, 즉 동물 수준에서 인간으로의 발달을 이루어 왔다고 한다. 인간의 진화 발달은 도구-기술의 사용과 떼어놓을 수 없다. 인간의 인간됨은 오직 테크놀로지의 매개를 통해서만 가능한 것이었고, 그 과정은 지금도 계속, 더욱 확장된 방식으로 진행되고 있다. 인간과 테크놀로지, 기계의 공진화는 유전공학이 그 적나라한 본보기를 보여주고 있지 않은가? 인공 심장, 인공 장기 등의 사례는 인간-기계의 사이보그적 결합을 더욱 강화하고 있지 않은가? 인간적인 것 속엔 이미 기계적인 요소들이, 기계적인 것 속엔 이미 인간적인 요소들이 서로 결합하고 있다.

상황이 이렇게 되면, 결국 핵심적인 질문은 이런 것이다. "*도대체 자연도 아니고 기계도 아닌 인간이란 무엇이란 말인가? 무엇으로 규정해야만 하는가?*"

자연과 기계 사이에 끼어있는 것처럼 보이는 인간. 그런데 만일 발상의 전환을 한다면 어떻게 되는가? 자연도 아니고 기계도 아닌, 무엇무엇의 근거 때문에 자연과 기계와는 구별되는 인간 '우월성'의 근거를 굳이 찾아내느라 고군분투하기보다는, 차라리 과감히 연속성을 인정하고, 그러한 존재론적 연속성의 바탕 위에서 살길을 모색하는 게 더 낫지 않을까?

매즐리시는 30년 전인 1990년대 초에 이미 이런 상황을 예견한 듯, 인간과 기계 사이를 이분법적으로 경계 짓는 존재론은 더 이상 지탱하기 어렵다고 주장했다. 인간과 기계 사이의 불연속은 사실상 없다. 아무리 선을 그어본들, 호박에 줄을 그어 수박처럼 보이게 하는 기만이 될 뿐이다.

매즐리시에 따르면 인간과 기계를 분리해 생각해선 지금과 같은 기술적 산업사회를 제대로 이해할 수 없다. "우리의 자존심에 금이 가기는 하지만, 이제는 더 이상 인간과 기계가 완전히 다르다는 생각을 유지하기 어렵다"[72]는 것이다. 책의 부제, '인간과 기계의 공진화'가 말해주듯, 인간과 기계는 이미 서로의 신체 속에 양측의 어떤 속성들을 공유하고 있다. 인간과 기계는 시작부터 공생적이고 공진화하는 관계 속에 있어 왔다. "인간의 생물학적 진화를 볼 때, 기계가 인간의 진화적 본성과 뗄 수 없는 관계임을 깨달아야 한다는 것"[73]이다. 나아가 "컴봇(컴퓨터로봇)은 아무리 발전해도 인간을 밀어내지 않을 것이며, 다른 종들처럼 공생관계를 이루며 살아갈 것"[74]이라고 한다.

프랑스 철학자 질 들뢰즈Gilles Deleuze는 1983년에 쓴 《푸코》라는 책에서 인간의 힘을 구성하는 힘들이 어떻게 변화했는지를 살피고 있다. 20세기 전까지는 주로 생명과 노동, 언어의 힘이었지만, 20세기 이후부터는 "인간의 힘은 이미 다른 힘, 가령 정보의 힘과 제3

72 브루스 매즐리시, 《네 번째 불연속》, 김희봉 옮김, 사이언스북스, 2001, 18쪽.

73 같은 책, 376쪽.

74 같은 책, 374쪽.

종 기계들의 힘과 관계되어 있고, 이 힘들은 인간의 힘과 함께 인간이 아닌 다른 무엇인가를, 즉 '인간-기계'라는 분리 불가능한 시스템을 구성하고 있다"[75]고 주장한 것이다.

인간-기계의 분리 불가능한 뒤섞임, **혼종성**hybridity은 도나 해러웨이Donna Haraway의 책 《사이보그 선언》의 주제이기도 하다. 사이보그는 유기체적인 것과 기계적인 것이 얽힌 존재이다. 자연, 인간, 기계, 이 모든 것이 분리 불가능하게 얽혀 있다. 그들 사이에 더 이상 존재론적 우열 따위는 없다. 한 인간 개체로서 '나'란 존재는 이미 동물-자연이자 기계-인공물의 혼합물이다. 라이프니츠의 단자론이 그려내는 것과 같은, 타자들과 맺는 관계들로부터 완전히 분리되고 경계 그어진, 자율적이고 독립적인, 분할 불가능한 개인이라는 근대 휴머니즘 관념은 허구적 가정, 상상물일 뿐이다.

우리가 혼종적인 존재라는 것, 타자들과 분리 불가능하게 연결되어서만 존재하는 관계적 존재라는 관념은 우리를 **'공생성과 연대'**에 대한 생각으로 이끈다. 인간과 자연, 기술은 분리 불가능하게 얽혀 있다. 그런 얽힘 속에서 모두는 함께 '공진화'하고 있는 것이다. 공생성은 지구에서 존재하는 모든 것들의 존재 조건이다. 앞서 언급한 생태 철학자 티머시 모턴은 《인류》라는 책에서 그러한 관계를 두고 근본적인 **'공생적 실재성'**이라고 불렀다. 내가 이 책에서 줄곧 제시해 온 사례들, 그러니까 고래와 다른 해양생물들의 관계, 산호

---

75 시노하라 마사타케, 《인류세의 철학》, 조성환 외 옮김, 모시는사람들, 2022, 196쪽.

와 조류 혹은 산호 지대와 해양생물들의 관계, 송이버섯과 소나무의 관계, 그리고 인간 몸과 박테리아의 관계 등 생태계에서 볼 수 있는 나-타자의 근본적인 얽힘과 연결, 그리고 연대성, 그것이 바로 공생적 실재성인 것이다. "연대는 강한 의미에서 타자들의 존재를 인정하고 사물에 다가가거나 적어도 사물을 감상하는 타자들의 방식에 합류하는 것, 바로 그것이 연대이다."[76]

티머시 모턴이 말하는 연대는 특별히 비인간 존재들과 얽힌 공생성과 연대를 가리킨다. 공생적 실재성은 호모 사피엔스라는 정의 속에 깃든 유럽식 개인주의적 개체관을 부정한다. 그 세계관은 인간 존재를 끊임없이 타자들과 분리하는 담장을 세우기에 급급한 세계관이다. 인간과 자연을, 인간과 기계를, 마치 피라미드 쌓듯이 인간을 정점으로 하는 수직적 위계질서 속에서 각기 폐쇄되고 고립된 영역 안에 가두는 방식으로 세상을 그려왔던 것이다. 그러나 브루스 매즐리시가 보여주었듯, 그런 피라미드에, 혹은 각기 고립되고 분할된 철창 같은 격자구조에 인간과 자연, 기술을 욱여넣는 것은 하나의 허구에 불과했다. 모든 불연속의 신화는 깨어졌고, 철창도 사라졌다. 남은 것은 산호와 조류, 송이버섯과 소나무 뿌리처럼 분리 불가능한 상태로 얽혀 함께 살아가야만 하는 연결망의 집합체밖에 없다.

지금 우리가 처하고 있는 인류세적 위기의 뿌리는 알고 보면, 우리가 근본적으로 그릇된 상상적 허구의 패러다임 속에서 우리 자신의 위치를 왜곡시킨 탓에 있다. 우리에게 필요한 것은 사고의 전환과

76 티머시 모턴, 《인류》, 김용규 옮김, 부산대학교출판부, 2021, 32쪽.

실천이다.

소포클레스의 오이디푸스 이야기도 실은 '각성과 전회'에 관한 이야기다. 어찌 보면 오이디푸스는 슬프게 끝나는 이야기인 것만은 아니다. 진실을 깨달은 오이디푸스는 윤리적 존재로서 인간의 어떤 아름다움을 표현한다. 오이디푸스의 인간다움이란 게 있다면, 그건 바로 윤리적으로 책임지는 능력, 그 윤리성에서 찾아진다는 게 소포클레스의 주장이었다.

정신적 깨어남, '각성'은 생각의 '전회turn'를 불러올 수밖에 없다. 그러나 사고의 전회 자체만으로는 충분한 변화를 가져올 수 없다. 사고의 전환이 크고 작은 구체적인 실천으로 이어질 때, 우리는 희미해져 가는 희망을 다시 이야기할 수 있게 될 것이다. 섣부른 희망과 낙관은 오히려 긴장과 경계를 느슨하게 하고 긴급한 실행력을 저해할 뿐이다.

각성한 인류는 무엇이 되어야 할까? 인간-비인간 관계에 대한 이야기는 이제 겨우 도입부에 들어섰을 뿐이다. 사고의 전환도, 행위의 전환도 복잡미묘하게 얽히고설킨 세계 질서와 현실적인 삶 속에선 결코 쉽지 않다. 인간-프로메테우스의 신화에 집착하는 힘들이 너무나 강고할 뿐 아니라, 사실 그들이 바로 세상의 주류적 목소리이기 때문이다. 언젠가 먼 미래에, 슬픔에 젖은 누군가가 이번 세기가 호모 사피엔스의 마지막 역사 시대였다고 회고하게 될 일은 결코 없을 거라는 확신을, 지금 우리가 가질 수 있을까.

감사의 말

이 책의 원고가 완성되기까지 많은 분들의 격려와 지지, 토론과 의견 제시가 있었다. 건국대학교 몸문화연구소의 김종갑 소장님과 서윤호 부소장님, 그리고 임지연 선생의 오랜 우정과 도움을 먼저 언급하지 않을 수 없다. 원고를 꼼꼼하게 읽어 주셨고 건설적인 의견들을 제시해 주신 데 대해 다시 감사를 드리고 싶다.

또 생태인문학을 연구하기 위한 연구자 모임인 오이코스인문연구소를 함께 설립하고, 늘 따뜻하면서도 때로는 날카로운 비판도 아낌없이 해주신 철학자 심귀연 선생님께도 특별한 감사를 드린다. 초고 단계에서부터 까다로운 토론에 기꺼이 응해 주셨고, 원고도 세심하게 살피며 의미 있는 조언을 많이 해주셨다. 원고를 읽고 조언을 아끼지 않은 한상규 선생님, 이수정 작가님을 비롯한 오이코스연구소 동료들에게도 이 자리를 빌려 깊은 감사를 표하고 싶다. 또 오랫동안 과학자의 글쓰기 공부를 함께 해주신 이정순, 박병천, 강태원, 구자용, 안상정, 전세종 박사님을 비롯한 표준과학연구소의 연구원

박사님들께도, 원고를 같이 읽어 주시고 과학적인 부분을 조언해 주셔서 더 힘을 낼 수 있었다는 말씀을 드리고 싶다.

마지막으로 필로소픽 출판사와 구윤희 편집장님께도 다시 감사의 말씀을 전하고 싶다. 어려운 출판계의 사정에도 불구하고 오랫동안 여러 권의 책을 함께 작업하는 과정에서 늘 성심껏 협력과 조언을 아끼지 않으셨고, 그때마다 내가 얼마나 운이 좋은지를 새삼 자각하곤 한다. 이 책 역시 독자들에게 사랑받게 된다면 그건 많은 부분 필로소픽 출판사의 아낌없는 노력 덕분이라는 걸 잊지 못할 것이다.

참고문헌

그레이엄 하먼, 《네트워크의 군주》, 김효진 옮김, 갈무리, 2019.

_______, 《쿼드러플 오브젝트》, 주대중 옮김, 현실문화, 2019.

남종영, 《동물권력》, 북트리거, 2022.

너새니얼 필브릭, 《바다 한가운데서》, 한영탁 옮김, 다른, 2015.

_______, 《사악한 책, 모비 딕》, 홍한별 옮김, 저녁의책, 2017.

녹색연합·윤상훈·신수연·신주희, 《ㅈㅈㅅㅎ-조금 사소하고 쓸 데 많은 제주 산호에 관한 거의 모든 것》, 텍스트CUBE, 2021.

데이비드 월러스 웰즈, 《2050 거주불능 지구》, 김재경 옮김, 추수밭, 2020.

데이비드 콰먼, 《인수공통 모든 전염병의 열쇠》, 제3판, 강병철 옮김, 꿈꿀자유, 2022.

도나 해러웨이, 《해러웨이 선언문》, 황희선 옮김, 책세상, 2019.

레이첼 카슨, 《바다의 가장자리》, 김홍옥 옮김, 에코리브르, 2018.

_______, 《우리를 둘러싼 바다》, 김홍옥 옮김, 에코리브르, 2018.

로지 브라이도티, 《포스트휴먼 지식》, 김재희·송은주 옮김, 아카넷, 2022.

리 듀거킨, 《동물에게도 문화가 있다》, 이한음 옮김, 지호, 2003.

몸문화연구소 편, 《신유물론: 몸과 물질의 행위성》, 필로소픽, 2022.

_______, 《인류세와 에코바디》, 필로소픽, 2019.

_______, 《자연문화와 몸》, 헤겔의휴일, 2022.

발 플럼우드, 《악어의 눈: 포식자에서 먹이로의 전락》, 김지은 옮김, yeondoo, 2023.

브루스 매즐리시, 《네 번째 불연속》, 김희봉 옮김, 사이언스북스, 2001.

브뤼노 라투르, 《과학인문학 편지》, 이세진 옮김, 사월의책, 2012.

_______, 《나는 어디에 있는가?》, 김예령 옮김, 이음, 2021.

_______, 《지구와 충돌하지 않고 착륙하는 방법》, 박범순 옮김, 이음, 2021.

사이먼 L. 루이스·마크 A. 매슬린, 《사피엔스가 장악한 행성》, 김아림 옮김, 세종서적, 2020.

서머싯 몸, 《불멸의 작가, 위대한 상상력: 서머싯 몸이 뽑은 최고의 작가 10명과 그 작품들》, 권정관 옮김, 개마고원, 2008.

소포클레스, 《오이디푸스 왕》, 강대진 옮김, 민음사, 2009.

스테이시 얼라이모, 《노출: 포스트휴먼 시대 환경 정치학과 쾌락》, 김명주 외 옮김, 충남대학교출판문화원, 2023.

스티븐 샤비로, 《사물들의 우주: 사변적 실재론과 화이트헤드》, 안호성 옮김, 갈무리, 2021.

시노하라 마사타케, 《인류세의 철학》, 조성환 외 옮김, 모시는사람들, 2022.
신문수, 《모비 딕-진실을 말하는 위대한 기예》, 살림출판사, 2005.
심귀연, 《몸과 살의 철학자 메를로-퐁티》, 필로소픽, 2019.
아네르스 블록·토르벤 엘고르 옌센, 《처음 읽는 브뤼노 라투르》, 황장진 옮김, 사월의책, 2017.
아미타브 고시, 《대혼란의 시대》, 김홍옥 옮김, 에코리브르, 2021.
알프레드 노스 화이트헤드, 《관념의 모험》, 오영환 옮김, 한길사, 1996.
애나 로웬하웁트 칭, 《세계 끝의 버섯》, 노고운 옮김, 현실문화, 2023.
애널리사 베르타, 《고래》, 김아림 옮김, 사람의무늬, 2016.
앤드루 H. 놀, 《지구의 짧은 역사》, 이한음 옮김, 다산사이언스, 2021.
야콥 폰 윅스퀼, 《동물들의 세계와 인간의 세계》, 정지은 옮김, 도서출판b, 2012.
에드 용, 《이토록 굉장한 세계》, 양병찬 옮김, 어크로스, 2023.
이언 보고스트, 《에일리언 현상학, 혹은 사물의 경험은 어떠한 것인가》, 김효진 옮김, 갈무리, 2022.
J. G. M. 한스 테비슨, 《걷는 고래》, 김미선 옮김, 뿌리와이파리, 2016.
찰스 다윈, 《비글호 항해기》, 장순근 옮김, 리젬, 2013.
_______, 《종의 기원》, 장대익 옮김, 사이언스북스, 2019.
티머시 모턴, 《인류》, 김용규 옮김, 부산대학교출판부, 2021.
프란체스카 페란도, 《철학적 포스트휴머니즘》, 이지선 옮김, 아카넷, 2021.
하노 벡, 《삶이라는 동물원》, 유영미 옮김, 황소자리, 2017.
한광택, 〈멜빌의 진화론: 변이와 멸종에 관한 묵시록적 비전〉, 《근대영미소설》, 제27집 2호, 한국근대영미소설학회, 2020.
허먼 멜빌, 《마법에 걸린 섬들》, 구자용 옮김, 퍼플, 2021.
_______, 《모비 딕》, 모리스 포미에 그림, 김석희 옮김, 아셰트 클래식 4, 작가정신, 2010.
_______, 《허먼 멜빌-선원, 빌리 버드 외 6편》, 김운 옮김, 세계문학 단편선 17, 현대문학, 2015.
휴버트 드레이퍼스·숀 켈리, 《모든 것은 빛난다》, 김동규 옮김, 사월의책, 2013.
Francis Bacon, "The Advancement of Learning", *Francis Bacon Works*, Vol. 3, Cambridge University Press, 2011.
Herman Melville, *Moby-Dick: or, The Whale*, Penguin Classics, 2003.
Michel de Montaigne, *The Complete Works*, Everyman' s library, 2003.
Michael Howard, *The Lessons of History*, Yale University Press. 1992.
Timothy Morton, *Ecology without Nature*, Harvard University Press, 2007.

고래의 안부, 바다의 마음

초판 1쇄 발행 | 2024년 7월 9일

지 은 이 | 김운하
펴 낸 이 | 이은성
편 집 | 구윤희
교 정 | 이한솔
디 자 인 | 파이브에잇

펴 낸 곳 | 필로소픽
주 소 | 서울시 종로구 창덕궁길 29-38, 4-5층
전 화 | (02) 883-9774
팩 스 | (02) 883-3496
이 메 일 | philosophik@naver.com
등록번호 | 제2021-000133호

ISBN 979-11-5783-341-2 03100

필로소픽은 푸른커뮤니케이션의 출판 브랜드입니다.